Julius Klaproths (1783–1835) Briefe an den Orientalisten und Erfinder Paul Ludwig Schilling von Canstadt (1786–1837)

Samt Schreiben an den Sinologus Berolinensis
sowie Ergänzungen zum Schriftenverzeichnis Klaproths

Bearbeitet von
Hartmut Walravens

AF221442

BoD

Umschlagbild: *Qinding xiyu tongwen zhi*, juan 10, fol. 10a
Wegen der Ausleihe dieses seltenen hexaglotten Lexikons kam es zwischen
Klaproth und Schilling zu einer Abkühlung.

© 2020 by H. Walravens

Herstellung und Verlag: BoD –Books on Demand,Norderstedt

ISBN 9783751984201

Bibliografische Information der Deutschen Nationalbibliothek: Die Deutsche Nationalbibliothek verzeichnet diese Publikation in der Deutschen Nationalbibliografie; detaillierte
bibliografische Daten sind im Internet über dnb.dnb.de abrufbar.

Inhalt

Здѣсь жилъ и умеръ
русскій изобрѣтатель
электро – магнитнаго
телеграфа
баронъ
ПАВЕЛЪ ЛЬВОВИЧЪ
ШИЛЛИНГЪ фонъ КАНШТАДТЪ
родился
5 АПРѢЛЯ 1786 г.
умеръ
25 іюля 1837 г.

Gedenktafel am Haus Марсово поле но. 7 (Marsfeld Nr. 7), wo Schilling lebte und starb
(Quelle: Санкт-Петербург Энциклопедия
http://www.encspb.ru/object/2805516545?dv=2853872336&lc=ru)

Einleitung

Paul Ludwig Schilling von Canstadt (Reval 5/16. April 1786–25 Juni/6. Aug. 1837 St. Petersburg) war Erfinder, Orientalist und Büchersammler, sowie Diplomat in russischen Diensten.[1] Ihm verdanken wir die Erfindung der Isolation elektrischer Leitungen sowie des elektromagnetischen Telegraphen; er interessierte sich aber auch für das Druckwesen, führte die Lithographie, die er bei Alois Senefelder (Prag 6. Nov. 1771–26. Febr. 1834 München) kennengelernt hatte, 1817 in Rußland ein und verwendete sie für den Druck orientalischer Schriften in höchster Qualität. So druckte er 1819 den Text des chinesischen *Sanzijing* 三字經 („Dreizeichenklassiker") so vorzüglich, daß er nach Meinung der Sinologen der Pekinger Hofdruckerei nicht nachstand. 1828 zum Wirklichen Staatsrat ernannt, wurde Schilling 1830 für 18 Monate auf eine Dienstreise nach Sibirien gesandt, um die Verhältnisse an der chinesischen Grenze zu studieren. Dort beschäftigte er sich weiterhin mit den ostasiatischen Sprachen und stellte wertvolle Sammlungen von Büchern und Ethnographica zusammen, die großenteils von der Akademie der Wissenschaften erworben wurden. Bei seinen Arbeiten wurde Schilling von dem bekannten Sinologen, P. Hyazinth (Iakinf, weltlich Nikita Jakovlevič Bičurin, 1770–1853) unterstützt. Nach seiner Rückkehr 1832 konstruierte er einen elektromagnetischen Telegraphen auf der Basis der Experimente Ampères. Er stellte ihn 1833 Kaiser Nikolaus I. und 1835 der wissenschaftlichen Welt bei der Naturforscher-Tagung in Bonn vor. Der Bau einer Telegraphenleitung zwischen Peterhof und Kronstadt wurde 1837 genehmigt, aber wegen Schillings Tod nicht realisiert. Auch gerieten seine Leistungen in Vergessenheit und wurden erst 1886, bei der Feier seines 100. Geburtags in der Kaiserlich-Russischen Technischen Gesellschaft, herausgestellt.

Seine Bibliothek, die rare chinesische, mandschurische, mongolische und tibetische Bücher und Handschriften in großer Zahl aufwies, kam später in den Besitz der Akademie der Wissenschaften. Allerdings ist sie heute nach Marie Félicité Brosset[2] benannt, einem Pariser Sinologen, der die Büchersammlung ordnete. In einem Bericht über diese Bibliothek schrieb Brosset u.a.:[3]

---

1   H. Walravens: *Zur Geschichte der Ostasienwissenschaften in Europa. Abel Rémusat und das Umfeld Julius Klaproths.* Wiesbaden: Harrassowitz 1999, 85–100; H. Walravens: Konnte der Drucker und Verleger Karl Tauchnitz Tibetisch? *Aus dem Antiquariat* 2004:2, S.83–91; H. Walravens: Schilling von Canstadt, Paul. *NDB* 22.2005, 768–769; *Russkie voennye vostokovedy. Biobibliografičeskij slovaŕ.* Moskva 2005, 268–269; L. I. Čuguevskij: Šilling Pavel Lvovič [Obozrenie fonda No 56 Archiva vostokovedov SPbF IV RAN]. Vstuplenie i publikacija I. F. Popovoj. *Pis'mennye pamjatniki vostoka* 4.2006, 249–262; H. Walravens: *Jean-Pierre Abel Rémusat (1788–1832). Zu Leben und Werk eines Wegbereiters der Ostasienwissenschaften.* Norderstedt: BoD 2020. 153 S.

2   Brosset (Paris 5. Febr. 1802–22. Sept. 1880 St. Petersburg), als Sinologe Schüler von J. P. A. Rémusat in Paris, ging dann nach Rußland und war seit 1836 Adjunkt, seit 1847 Mitglied der Petersburger Akademie der Wissenschaften; er profilierte sich als Spezialist für das Georgische und Armenische. Vgl. *Russkij biografičeskij slovaŕ* 3.1908, 363–364; *Bibliographie analytique des ouvrages de M. Marie Felicité Brosset.* St. Petersburg 1882.

3   Rapport à l'Académie Impériale des sciences, sur la Bibliothèque chinoise du Musée asiatique; par M. Brosset (lu le 27 novembre 1840). *Bulletin scientifique publié par l'Académie impériale des sciences de Saint-Pétersbourg.* 8.1841, 225–240.

„Der verstorbene Baron Schilling von Canstadt hatte eine ausgesprochene Neigung zu den Literaturen Ostasiens, eine Neigung die bis an sein Lebensende immer mehr zunahm. Durch viele Beschäftigung damit als Amateur hatte er schließlich die bibliophile Gelehrsamkeit erlangt, die ihn bei der Auswahl der Werke leitete und ihn instand setzte, gute Sammlungen anzulegen. Andererseits hielten ihn die Verbindungen, die er zu allen Sinologen Rußlands und Europas knüpfte und weiter pflegte, über die Fortschritte der chinesischen Literatur auf dem laufenden, während sein Erfindergeist ihn dazu führte, zu recherchieren und sich Mittel zu ihrer beschleunigten Verbreitung vorzustellen.

In der Tat gab ihm die Vielfalt der chinesischen Grapheme, dieses große Hindernis beim Buchdruck mit beweglichen Lettern, zuerst den Gedanken ein, zur Reproduktion lithographische Verfahren einzusetzen; seine Versuche auf diesem Gebiet, die schönen Ausgaben des *Zhongyong* 中庸 und des *Daxue* 大學, haben ihm den Beifall aller Amateure eingetragen. Durch die Reinheit und Eleganz der Formen, durch die Schönheit des Papiers und die auf den Druck verwendete Sorgfalt jeder Art, rivalisierten diese beiden Ausgaben, wie Herr Rémusat in einem seiner Berichte sagte[4], mit dem Vollkommensten, was die kaiserliche Druckerei in Peking hervorgebracht hat. Aber nicht zufrieden mit diesem Vorgehen hat Baron Schilling noch weitere Versuche unternommen. Er ließ Platten in Holz schneiden nach Art der Chinesen und nahm vertiefte Abdrucke, zweifellos mit Gips, und ließ in diese Matrizen eine Masse hineinfließen ähnlich wie bei unseren Drucktypen. Jede Linie (Zeile) wurde getrennt gegossen und auf einem Block befestigt und dann zu Seiten zusammengefügt, und mit diesen Reliefs, von großer Klarheit, begann der Druck eines Werkes noch ohne Titel. Ich habe diese Versuche gesehen in den Realisierungen, die zu einer Folge gehörten, die ins Ethnographische Museum gingen. Es ist zu wünschen, daß sie eine Anleitung würden für diejenigen, die sich damit beschäftigen, das Problem des Druckes chinesischer Bücher zu möglichst geringen Kosten zu lösen

Während er sich so aktiv mit diesen Experimenten beschäftigte, vernachlässigte er keineswegs seine chinesische Bibliothek, die aus schönen und guten Werken, aus ausgewählten Ausgaben und vielen Manuskriptarbeiten der russischen Dolmetscher bestand. Als diese Sammlung etwa 252

---

4   J. P. A. Rémusat: Sur les éditions chinoises de M. le baron de Schilling de Canstadt. *Journal asiatique.* 4.1824, 161–165.

Paul Ludwig Schilling von Canstadt
(Quelle: ruspekh.ru)

Werke erreicht hatte, 323 Bände in 1815 Heften, überließ er sie 1830 auf Vorschlag des Ministers der Volksbildung, damals Fürst Lieven[5], der Regierung. Wie der letztere das Projekt entwickelt hatte, eine großangelegte Ausbildung in den orientalischen Sprachen an der Universität in St. Petersburg einzurichten, so sollte die genannte Sammlung als Kern für eine angegliederte Bibliothek dienen. Man bemerkt darunter eine gute Anzahl Exemplare der besseren chinesischen und mandschurischen Wörterbücher, eine prächtige Ausgabe der klassischen Bücher in 24 Bänden (185 Hefte), das berühmte geographische Lexikon in sechs Sprachen 西域同文志, von dem so oft in der Akademie die Rede war, zwei Exemplare der Mandschuübersetzung des berühmten Romans *Jin Ping Mei* 金瓶梅 und viele historische und geographische Bücher.

Mangels ausreichendem Platz im Universitätsgebäude wurden diese Werke provisorisch in den Sälen des Asiatischen Museums untergebracht; aber als der Wechsel des Ministers das Projekt der Errichtung der Orientalischen Fakultät hinausschob oder vielmehr veränderte, wurde die Akademie von S. E. dem Herrn Vizepräsidenten beschieden, daß Seine Majestät geruht habe, ihr das Eigentumsrecht dieser Reichtümer zu übertragen. Dadurch wurde unsere Sammlung auf einen Schlag fast verdoppelt.

Unermüdlich in seinen Forschungen hatte sich Baron Schilling kaum seiner ersten Sammlung entledigt als er daran arbeitete, eine zweite aufzubauen: eine Reise, die er im Gefolge der russischen Mission unternahm und ein längerer Aufenthalt an der Grenze zu China lieferten ihm zuerst die Mittel; dann war die Gewohnheit da und der Weg war vorgezeichnet, denn nun ließen die Missionare in Peking ihm die besten literarischen Erzeugnisse Chinas

---

5   Karl von Lieven (1./12. Febr. 1767–31. Dez. 1844 Gut Balgallen), 1828–1833 russischer Minister der Volksaufklärung. Vgl. Heinrich Diederichs: Lieven, Carl Fürst von. *Allgemeine Deutsche Biographie* 18.1883, S. 639–641.

zufließen; seine ganze Aktivität, sein Eifer, seine Mittel waren auf dieses Ziel gerichtet, und mit einer Ausdauer, einer außerordentlichen Hinwendung, die in diesem Sinne angewandt wurden, sah er sich bald an der Spitze einer neuen, nicht bloß chinesischen und mandschurischen, sondern mongolischen, tibetischen und polyglotten Bibliothek, die sicherlich nicht ihresgleichen an einem anderen Ort der Welt hatte. Ich möchte hier nichts über die tibetischen und mongolischen Werke sagen, deren Prüfung und Klassifizierung unserem gelehrten Kollegen Herrn Schmidt[6] anvertraut sind. Was die chinesischen Werke angeht, so war die neue Sammlung einzigartig reich an historischen, geographischen und juristischen Werken. Ein sehr schönes Exemplar der allgemeinen Statistik Chinas, oben erwähnt, in 300 Heften; eine allgemeine Geschichte Chinas seit den ältesten Zeiten bis auf unsere Tage, in 77 Bänden oder 699 Heften; zwei Exemplare des geographischen Lexikons in sechs Sprachen und eine große Zahl von polyglotten, mandschurischen, chinesischen, mongolischen Wörterbüchern; die Erlasse des Yongzheng-Kaisers in 50 großen Bänden oder 300 Heften, und eine große Anzahl von Karten und Holzschnittbüchern, die besten Romane Chinas samt den gedruckten oder handschriftlichen mandschurischen Übersetzungen, und unter den von Missionaren veröffentlichten Büchern viele nach chinesischer Art gedruckte, von Liebhabern sehr gesuchte Bücher: das sind die hervorragendsten Erzeugnisse, die diese zweite Sammlung unserem Museum brachte. Es ist ewig schade, daß das wertvollste der Werke, von denen ich gesprochen habe, die chinesischen Annalen, die man so selten in ein und derselben Ausgabe findet, zurückgefordert wurde. Die Akademie hat, indem sie es zurückgab, ein Desinteresse und eine Gutgläubigkeit gezeigt, die sie teuer zu stehen kommt. Als das schönste Exemplar des chinesischen Drucks darf ich hier nicht vergessen zu erwähnen ein zweites Exemplar der Sammlung der chinesischen Klassiker, die sich bereits in der ersten Sammlung von Baron Schilling befand; aber diese übertrifft die andere als sie auf weißes Papier gedruckt ist, in bewundernswerter Ausführung und aufbewahrt in 24 Holzkästen, und beweist die Wertschätzung eines solchen Buches durch die auf seine Erhaltung verwendete Sorgfalt.

Nach dem Tod des Eigentümers am 25. Juli 1837, bekundete die Akademie den Wunsch, daß seine orientalische Bibliothek Rußland nicht verloren ginge; auf einen Vorschlag, den S. E. der Herr Minister für Volksbildung und Präsident der Akademie Ihm machte, geruhte S. Majestät sie auf eigene Kosten zu erwerben und unserem Museum 1838 zum Geschenk zu machen. Solchermaßen hat Rußland keinen Schatz, der von einem seiner Landeskinder aufgehäuft wurde, eingebüßt und der künftige Sinologe der zweifellos eines Tages hier die Reichtümer der chinesischen Literatur ausbeuten würde, hätte dann nur die Qual der Wahl inmitten der so überreichen Schätze."

Sowjetische Briefmarke zum 150. Jahrestag der Erfindung des elektromagnetischen Telegraphen (wikimedia commons)

Wie geschätzt Schilling als Orientalist war, geht daraus hervor, daß der Bonner Indologe August Wilhelm Schlegel eine Sanskrit-Ode auf Schilling dichtete, die er in seiner *Indischen*

---

6   H. Walravens: *Isaak Jakob Schmidt (1779–1847).* Leben und Werk des Pioniers der mongolischen und tibetischen Studien. Eine Dokumentation. Wiesbaden: Harrassowitz 2005. 180 S.

Bibliothek 1824 abdruckte und die hier in der Übersetzung von Christian Lassen wiedergegeben sei:

Dich preise ich, o glückbegabter Schilling, und erfrage Dein Wohlsein, denn Du bist der Stirnschmuck unter den Gelehrten im Reiche des Nordlandes. Du vertiefst Dich in das Lesen der Bücher der Bauddha und der Brahmanen; an allen Orten suchst Du Schriften auf, bist aller Sprachen kundig. Du bist das Auge im Lesen alter Schrift, und selbst in mannichfacher Schreibekunst geschickt; im Schachspiel bist Du unbesiegt, auch ohne selbst zuzusehen.[7]

V

An

Herrn Baron Schilling von Canstadt
in Sct. Petersburg.

Vom Herausgeber.

श्रीमच्छिल्लिङ्गं वन्दे वां पृच्छामि कुशलं च ते ।
उत्तरदेशराष्ट्रे हि पण्डिततिलको भवान् ॥
बौद्धानां ब्राह्मणानां च शास्त्रपाठे समाश्रितः ।
सर्वत्र पुस्तकान्वेषी सर्वभाषार्थस्तथा ॥
नेत्रं पुराणलेखस्य स्वयं विचित्रकारलिट् ।
चतुरङ्गाष्टापदे च परोक्षे ऽप्यपराजितः ॥

Anm. Hr. Baron Schilling von Canstadt, Kaiserlich Russischer Staatsrath, aus einem Deutschen Geschlecht, aber in Rußland geboren, ist jener Kenner und Beförderer Asiatischer Forschungen, den ich (S. 47) bezeichnete, ohne ihn zu nennen, weil er es mir damals untersagt hatte. Indessen hat sein Name nicht unbekannt bleiben können: in den Schriften der Asiatischen Societät in Paris ist er vielfältig auf die ausgezeichnetste

Bekannter als Schilling ist der Verfasser der hier vorgelegten Schreiben an ihn, der Orientalist Julius Klaproth[8] (Berlin 11. Okt. 1783 – 27. Aug. 1835 Paris), Sohn des bekannten Chemikers, Apothekers und Akademiemitglieds Martin Heinrich Klaproth (Wernigerode 1743–1817 Berlin), dem wir u.a. die Entdeckung des Urans verdanken.

---

7 Die Ode Schlegels erschien in dessen *Indischer Bibliothek* 2.1824, S. 215; Christian Lassen hat sie ins Deutsche übersetzt – *Briefe von und an August Wilhelm von Schlegel.* Gesammelt und erläutert durch Josef Körner (Zürich, Leipzig, Wien: Amalthea-Verlag, 1930). II, 180. – Der letzte Satz der Ode bedeutet, daß Schilling ein so gutes visuelles Gedächtnis hatte, daß er ohne Hinzusehen, ein Schachspiel fortsetzen konnte.

8 H. Walravens: *Julius Klaproth (1783-1835). Leben und Werk.* Wiesbaden: Harrassowitz 1999. X,230 S. (Orientalistik Bibliographien und Dokumentationen 3.); Julius Klaproth (1783–1835): *Briefe und Dokumente.* Wiesbaden: Harrassowitz 1999. 235 S. (Orientalistik Bibliographien und Dokumentationen 4.); Julius Klaproth (1783–1835): *Briefwechsel mit Gelehrten, großenteils aus dem Akademiearchiv in St. Petersburg.* Wiesbaden: Harrassowitz 2002. XVII,216 S. (Orientalistik Bibliographien und Dokumentationen 18.); H. Walravens: Julius Klaproth - his life and works; with special emphasis on Japan. *Japonica Humboldtiana* 10.2006, 177–191; Julius Klaproth, Stanislas Julien et les débuts de la sinologie européenne. *La Chine dans l'espace Franco-Allemand au XIXe siècle. Une certaine Chine entre France et Allemagne au XIXe siécle.* Paris: Actes Sud 2012, 145–155.

JULIUS v. KLAPROTH

Der junge Julius hatte wenig Interesse an der Schule und ging lieber zur Königlichen Bibliothek, um die chinesischen Bücher durchzusehen und Chinesisch zu lernen. Der Vater schickte ihn daraufhin nach Halle, um Naturwissenschaften zu studieren, aber Julius ging lieber dort zu dem Linguisten Johann Severin Vater (1771–1826). Graf Jan Potocki (1761–1815), der Historiker und Forschungsreisende, fand bei einem Besuch im Hause Klaproth Gefallen an dem chinabegeisterten jungen Mann und empfahl ihn zur Teilnahme an der in Vorbereitung befindlichen russischen Gesandtschaftsreise unter Graf Golovkin an den chinesischen Hof, deren wissenschaftliches Team er leiten sollte. Zwar gelangte die Gesandtschaft nur bis in die Mongolei, aber Klaproth erwarb chinesische Bücher, lernte in Irkutsk von dem Japaner Shinzō (Kolotygin) die Grundlagen des Japanischen, reiste entlang der russisch-chinesischen Grenze und wurde als Adjunkt der Akademie der Wissenschaften auf eine Forschungsreise in den Kaukasus geschickt. Anschließend katalogisierte er die chinesischen Bücher der Akademiebibliothek in St. Petersburg.[9] Auf die Dauer mochte er jedoch in Rußland nicht bleiben, und so versuchte er eine Stellung in Paris zu bekommen, das ihm eine idealer Arbeitsplatz zu sein schien – mit vielen namhaften Orientalisten, seit 1814 gar einem Lehrstuhl für Chinesisch, sowie einer gut ausgestatteten Druckerei. So besuchte er Napoleon auf Elba – aber es war zu spät. 1816 wurde er dank der Protektion der Brüder Humboldt zum Professor der asiatischen Sprachen an der neugegründeten Universität Bonn ernannt, aber das Städtchen bot ihm wenig Anreiz. Doch gelang es ihm, ein Stipendium des preußischen Staates für den Aufenthalt zu Forschungen in Paris zu erhalten, wo er bis zu seinem Tode blieb, unermüdlich arbeitend und publizierend. Seine Interessen umfaßten ganz Asien und Ägypten – so verdanken wir ihm die erste Typographie für Hieroglyphen, aber auch Wörtersammlungen der verschiedensten Sprachen. Die neue Methode der Komparatistik blieb ihm allerdings fremd. Seine Hauptgebiete waren Ost- und Zentralasien sowie der Kaukasus, mit einem Schwerpunkt auf Geschichte und Geographie sowie Kartographie. Etwa 50 Karten hat er veröffentlicht, zahlreiche blieben ungedruckt. Unveröffentlicht blieben auch seine Übersetzungen aus dem *Da Qing yitongzhi* 大清一統志 und dem *Huang Qing zhigong tu* 大清職貢圖, seine Ausgabe der Reise Marco Polos wie auch des *Mithridates*.

Die Bekanntschaft mit Schilling von Canstadt war für Klaproth besonders wertvoll, da dieser die für ihn wichtigste Büchersammlung besaß (sie ging später in zwei Teilen in den Besitz der Petersburger Akademie der Wissenschaften über).

Nachdem Schilling Leiter der ersten Lithographischen Anstalt in Rußland geworden war (1818), beeindruckte er die Gelehrtenwelt mit einem vorzüglich gelungenen Faksimile des *Sanzijing*, des Dreizeichenklassikers (1819); er schickte einige Exemplare anonym an Gelehrte wie J. P. A. Rémusat und Klaproth, um eine unvoreingenommene Stellungnahme zu erhalten. Klaproth war sehr beeindruckt und lobte die außergewöhnliche Qualität der Wiedergabe (Brief 1 und 2) – allerdings vermutete er Karl Tauchnitz als Drucker; es war ihm wohl noch nicht bekannt geworden, daß Schilling die Lithographie in Rußland eingeführt hatte.

Brief 19 gibt umständliche Erklärungen, warum Klaproth das von Schilling entliehene *Xiyu tongwenzhi* 西域同文志 wesentlich länger behalten hatte als vereinbart (Brief 12). Es scheint, daß Schilling eigene Pläne mit dem Werk gehabt hatte, jedenfalls entsteht der Eindruck, daß sich die Beziehungen etwas abgekühlt hatten. Klaproth entschuldigte sich, post festum, damit, er habe die Hefte notwendig gebraucht, da er das Werk übersetzt habe. Möglich wäre es auch, daß Schilling vielleicht auch der ständigen Wünsche und Bestellungen seines Korrespondenten etwas überdrüssig gewesen sein könnte. Manche immer wieder angemahnten Titel kamen nie oder sehr spät, wie offenbar das Supplement zum Mandschu-Wörterbuch (*Nonggime toktobuha Manju gisun-i buleku bithe, niyeceme banjibun*) und die Worterklärungen in den Annalen der drei fremden Dynastien *Jin Liao Yuan guo san shi yujie* 金遼元國 三史語解. Allerdings war Klaproth auch für Schilling von Nutzen – er beschaffte ihm ebenfalls Bücher oder Kopien von Texten oder Informationen aus seinem Netzwerk. Und er schickte regelmäßig Exemplare seiner eigenen zahlreichen Publikationen.

Klaproth erkundigte sich auch nach der Situation des Archimandriten Iakinf[10], des früheren Leiters der Russischen Geistlichen Mission, dessen zu weltliches Auftreten in Peking den Kirchenbehörden nicht genehm war; so wurde Iakinf abberufen und in Verbannung geschickt, wo er sich zu einem bedeutenden Sinologen entwickelte. Schilling wählte sich Iakinf zu seinem Reisebegleiter für eine anderthalbjährige Dienstreise nach Kjachta. Da Klaproth sich in eine wissenschaftliche Kontroverse mit Iakinf verwickelte, die ihren Ausdruck in mehreren

---

9   Vgl. H. Walravens: *Katalog der chinesischen und mandjurischen Bücher der Bibliothek der Akademie der Wissen-schaften in St. Petersburg* von Julius Klaproth. Zum ersten Mal aus dem Manuskript herausgegeben. Berlin: C. Bell 1988. V, 45 S. 4° (Ch'ing-wen tsung-hui 1.)

10   Weltlich Nikita Jakovlevič Bicurin (1770–1853). Vgl. H. Walravens: *Iakinf Bičurin, russischer Mönch und Sinologe. Eine Biobibliographie.* Berlin: Bell 1988. 70 S. (Han-pao tung-Ya shu-chi mu-lu 34.)

Streitschriften fand, könnte auch das zu einer Abkühlung der Beziehungen zu Schilling beigetragen haben. Ein gleiches gilt für eine andauernde Auseinandersetzung mit dem Mongolisten und Tibetologen Isaak Jakob Schmidt[11] (Amsterdam 1779–1847 St. Petersburg), der die Uiguren für tangutischstämmig hielt. Für Klaproth, der des Türkischen mächtig war, waren die Uiguren fraglos Türken, wie er auch in einer längeren Abhandlung nachgewiesen hatte.[12]

Klaproth hatte schon 1822 dafür gesorgt, daß die Société asiatique, zu deren Mitgründern er gehörte, Schilling zum auswärtigen Mitglied wählte. Später bemühte er sich auch für Iakinf um diese Ehrung, was zunächst am Widerstand Rémusats scheiterte.

Die Briefe informieren über Klaproths laufende Arbeiten, seine Publikationen und vor allem seine Wünsche an Schilling, darüber hinaus auch über allerlei aus der Pariser Orientalistenszene.

---

11   H. Walravens: *Isaak Jakob Schmidt (1779–1847)* Leben und Werk des Pioniers der mongolischen und tibetischen Studien. Wiesbaden: Harrassowitz 2005. (Abhandlungen für die Kunde des Morgenlandes 56,1.); H. Walravens: Schmidt, Isaak Jakob. *NDB* 23.2007, 193–194.

12   *Abhandlung über die Sprache und Schrift der Uiguren.* Nebst einem Wörterverzeichnisse und anderen uigurischen Sprachproben, aus dem Kaiserlichen Übersetzungshofe zu Peking. Herausgegeben von Julius Klaproth. Paris: Königliche Druckerey 1820. 68 S.

Briefe von J. Klaproth an P. L. Schilling von Canstadt

1

A Monsieur
Monsieur P. B. S. de C–t
Editeur du San tsi king[13]

Paris ce 8 Janv. 1820

Mon cher ami, ou mon cher Monsieur P. B. S. de C–t
Je Vous remercie de tout mon cœur pour les belles etrennes, que Vous m'avez envoyé. Votre San-tsu-king [*Sanzijing*] égale en beauté les impressions les mieux soignées du palais impériale de Pe king, et principalement celui que Vous avez reçu de Mr. Huttmann[14].* La fable d'un amateur qui étudie depuis deux ans seulement le Chinois aurait pu prendre; si je n'avais pas trouvé dans la lettre anonyme une expression qui Vous est propre, sans que Vous le remarquez. Savoir „Je ferai voir à Messieurs les Anglais" etc. C'est Votre expression qui Vous trahit. Neanmois j'ai repondu à Mr. Firmin Didot[15], comme Vous l'avez désiré. Savez Vous ce que je pense: Vous avez fait ce San-tsu-king avec Mr. Tauchnitz à Leipzig. Ce sont les caracteres

---

13 Das *Sanzijing* 三字經, der Dreizeichenklassiker, wurde als Lehrbüchlein für Kinder im traditionellen China verwendet. Es wird gewöhnlich Wang Yinglin 王應麟, 1223–1296, zugeschrieben. Baron Schilling druckte die sehr schöne Ausgabe, die in diesem und im folgenden Schreiben gelobt wird.

14 William Huttmann (9. März 1792–3. Okt. 1844), Orientalist, mit besonderem Interesse an Chinesisch und Mandschu. Er bot sich an, eine Übersetzung des *Chunqiu* (Frühling und Herbst, d.i. der als Klassiker betrachteten Chronik des Fürstentums Lu), anzufertigen. Bis 1832 war er als Sekretär der Royal Asiatic Society tätig und wurde dann Mitglied der Royal Geographical Society. Eine kurze Biobibliographie liegt im Ms. vor. Vgl. den Nachruf: Mr. William Huttmann. *Asiatic Journal* 4 (Nov.) 1844, 104–105.

15 Firmin Didot (14. April 1764–24. April 1836), war ein Drucker, Stecher und Schriftgießer. Er verwendete Stereotypie, um Qualitätsdruck zu niedrigen Preisen zu ermöglichen. Er wurde zum Direktor der Schriftgießerei der Kaiserlichen Druckerei in Paris ernannt.

Mantchoux qui se trouvaient dans le paquet de Mr. Rémusat[16], et qui me paroissent d'etre gravés sur mes dessins, qui me font penser cela. En tout cas, Votre devise etait: A dieu mon ame, ma vie au Roi, ma cœur aux dames, l'honneurs à moi, je trouve que personne ne Vous dispenserai pas la derniere partie de cette devise. Votre San-tsu-king est un monument qui doit faire ecrouler (崩) la vanité de Morrison, et de tous les missionaires hérétiques de la Chine. Si c'est Mr. Tauchnitz[17] qui a fait le San-tsi-king avec Vous, je Vous prie de lui dire mille choses flatteuses de ma part.

Vous devez avoir reçu la premiere partie de mon Supplement, c'est-à-dire les bonnes feuilles qui Vous manquaient, et la chemise de la premiere livraison. Tachez d'avoir le Novembre et Decembre du Journal des Savans, dans lequel Vous trouverez l'analyse de mon ouvrage par Remusat. Je Vous souhaite toute Sorte de bonheur 後福前福 pour la nouvelle année qui nous commençons, et dans laquelle je compte de voir enfin paroître un des ouvrages que Vous preparez avec tant d'assiduité. Les mêmes felicitations pour Madame et pour Catarino.
V. sincere ami
JHKlaproth

*Je reconnois avec assurance que les caracteres du San-tzu-king dont il est question ici, n'ont aucune ressemblance avec ceux de l'edition merveilleuse publiée par M. le Baron de Schilling. Antonio Montucci[18]

Herrn P. B. S. de C-t
Herausgeber des San tsi king [Sanzijing]

Paris den 8. Jan. 1820

Mein lieber Freund, oder mein lieber Herr P. B. S. de C-t
Ich danke Ihnen von ganzem Herzen für die schönen Neujahrsgeschenke, die Sie mir gesandt haben. Ihr San-tsu-king kommt an Schönheit den besten und sorgfältigsten Drucken des Kaiserpalastes in Peking gleich, und hauptsächlich dem, den Sie von Herrn Huttmann erhalten haben.* Die Fabel von dem Amateur, der seit zwei Jahren nur Chinesisch lernt, hätte Erfolg

---

16   Jean Pierre Abel Rémusat (Paris 5. Sept. 1788–4. Juni 1832 Paris), studierte Medizin und lernte autodidaktisch Chinesisch, sodaß er 1814 auf den ersten europäischen Lehrstuhl für Sinologie, in Paris, berufen wurde. Mit seinem Freund J. H. Klaproth gehörte er 1821 zu den Mitgründern der Société asiatique; er publizierte viel und hatte einen vergleichsweise großen Hörerkreis; er wird, zusammen mit Klaproth, als Gründer der Sinologie als kritischer Wissenschaft betrachtet. Vgl. H. Walravens: *Zur Geschichte der Ostasienwissenschaften in Europa. Abel Rémusat (1788–1832) und das Umfeld Julius Klaproths (1783–1835).* Wiesbaden: Harrassowitz 1999. 183 S. (Orientalistik Bibliographien und Dokumentationen 5.); neuerdings: H. Walravens: *Jean-Pierre Abel Rémusat (1788–1832). Zu Leben und Werk eines Wegbereiters der Ostasienwissenschaften.* Norderstedt: BoD 2020. 153 S.

17   Carl Christoph Traugott Tauchnitz (Großbardau 1761–1836 Leipzig), Drucker und Verleger in Leipzig, wurde durch die Einführung der Stereotypie in Deutschland bekannt. Schilling war mit Tauchnitz im Kontakt, zumindest 1835, als er ihm zwei tibetische Texte zum Nachdruck zur Verfügung stellte. Vgl. H. Walravens: Konnte der Drucker und Verleger Karl Tauchnitz Tibetisch? *Aus dem Antiquariat* 2004:2, S. 83–91.

18   Antonio Montucci (Siena 22. Mai 1762–25. März 1829 Siena), Dr. jur., verdiente seinen Lebensunterhalt als Italienischlehrer, zeitweise auf dem Landsitz des Porzellanfabrikanten Josiah Wedgwood, später an den Höfen in Berlin und Dresden. Er lernte einiges Chinesisch von zwei Chinesen in Großbritannien, war jedoch weitgehend Autodidakt. Er war besessen von der Idee ein umfassendes, bauchbares chinesisches Wörterbuch für Europäer herauszugeben und ließ zu diesem Zwecke etwa 18000 hölzerne Typen auf eigene Kosten schneiden. Er hatte jedoch nie eine Chance, seine Expertise an europäischen Höfen einzusetzen, die zwar Interesse, aber andere Sorgen hatten. Nur Napoleon ließ 1813 ein Wörterbuch drucken, zog jedoch dafür Joseph Hager und danach Desguignes d. J. (1759–1845) heran; letzterer hatte in Kanton gearbeitet und beförderte dann des Franziskaners Basilio Brollo (1648–1745) inzwischen reichlich veraltetes Manuskript zum Druck. Dieses Wörterbuch wurde indes schnell durch das neue praktische Wörterbuch von Robert Morrison abgelöst. Vgl. H. Walravens: *Antonio Montucci (1762–1829), Lektor der italienischen Sprache, Jurist und gelehrter Sinologe. – Joseph Hager (1757–1819), Orientalist und Chinakundiger. Zwei Biobibliographien.* Berlin: Bell 1992 [1993]. 106 S. 4° (Han-pao tung-Ya shu-chi mu-lu 42.)

haben können, wenn ich nicht in dem anonymen Brief einen Ausdruck gefunden hätte, der Ihnen eigen ist, ohne daß Sie ihn bemerken. Nämlich „Ich würde die englischen Herren sehen lassen." Das ist Ihr Ausdruck, der Sie verrät. Nichtsdestoweniger habe ich an Herrn Firmin Didot geschrieben, wie Sie es gewünscht haben. Wissen Sie, was ich denke: Sie haben dieses San-tsu-king mit Herrn Tauchnitz in Leipzig gemacht. Das sind die mandschurischen Zeichen, die sich im Paket von Herrn Rémusat fanden, die mir nach meinen Entwürfen geschnitten zu sein scheinen, die mich das denken lassen. Jedenfalls war Ihre Devise: Gott meine Seele, dem König mein Leben, den Damen mein Herz, mir die Ehrenbezeugungen; ich finde, daß niemand Sie vom letzten Teil dieses Wahlspruchs ausnehmen würde. Ihr San-tsu-king ist ein Monument, das die Eitelkeit Morrisons und aller heretischen Missionare in China zusammenbrechen (崩 [beng]) lassen dürfte. Wenn es Herr Tauchnitz ist, der das San-tsu-king mit Ihnen gemacht hat, dann dürfte ich Sie bitten, ihm tausend schmeichelhafte Sachen meinerseits zu sagen.

Sie dürften den ersten Teil meines Supplementes[19] erhalten haben, d.h. die Aushänger, die Ihnen fehlten und der Umschlag der ersten Lieferung. Versuchen Sie den November und Dezember des *Journal des Savans* zu bekommen, in dem Sie eine Analyse meines Werkes von Rémusat finden werden[20]. Ich wünsche Ihnen alle Arten von Glück 後福前福 [*fu qian fu hou*] für das Neue Jahr, das wir beginnen und in dem ich darauf rechne endlich eines der Werke, die Sie mit solcher Emsigkeit vorbereiten, erscheinen zu sehen. Die gleichen guten Wünsche für Madame und für Catarino.[21]

Ihr aufrichtiger Freund
JHKlaproth

* Ich stelle mit Sicherheit fest, daß die Zeichen des San-tzu-king, von dem hier die Rede ist, keinerlei Ähnlichkeit mit denen der wunderbaren Ausgabe haben, die Baron Schilling veröffentlicht hat. Antonio Montucci

2

Monsieur
Depuis trois jours je suis en admiration devant Votre bel ouvrage, qui pour la correction et pour l'elegance de l'éxécution égale tout ce que j'ai vu de plus parfait imprimé en Chine même; et qui laisse loin derriere lui les essais qui ont parut jusqu'à présent en Europe et aux Indes. Sans le timbre sur de la première page qui envelloppait l'exemplaire, que Vous m'avez fait l'honneur de m'envoyer, je n'aurais jamais cru que l'ouvrage fut imprimée (!) en Europe.

Ce que Vous nommez, Monsieur, le dictionnaire Impérial est vraisemblablement le Khang-hy-tsu-tian; mais permettez moi de Vous observer, que Vos caractères ne sont pas tous près dans ce tresor de la langue Chinoise p. e. le mot meng y est ecrit de la maniere suivante 孟 et chez Vous 孟. Du reste ce n'est pas une faute mais une difference de style.

19   Klaproth: *Supplément au dictionnaire chinois-latin du P. Basile de Glemona (imprimé en 1813 par les soins de M. de Guignes); Dictionnaire chinois, françois et latin.* Paris: Imprimerie royale 1819. X,168 S. 4° Die Einführung zu diesem Werk stammen von Rémusat.
20   *Journal des Savants* 1819, 694–698, 736–748.
21   Möglicherweise Catarino Cavos (1775–1840), der als Opernkomponist und Dirigent in St. Petersburg, tätig war. Vielleicht bezieht sich dann „Madame" auf Cavos' Frau Camilla Baglioni (1773–1832), eine bekannte Opernsängerin.

Quant à la gravure de Vos caracteres, ils me paraissent d'etre executés en bois, et je ne vois pas que Vous ayez polytypé par la clissage[22] la même lettre quand elle revient plusieurs fois. Le San tsu king [*Sanzijing*] contient 1068 caractères Chinois.

Pour les faire graver en bois, à raison de trente sols par pièce: cela occasionnerait une depense de 1602 francs. En se servant du polytypage cette somme se reduirait peut-être à 1200 fr. Un artiste, graveur en bois, peut executurer [!] jusqu'à quinze caracteres per jour. Il lui faudrait donc 71 jours pour achever 1068 caracteres. Vous me ditez, Monsieur, que Votre procédé est peu couteux et expeditif; votre gravure doit donc couter beaucoup moins; en cas que Vous la faitez executer à Paris ou en France; car dans l'etranger ces sortes de travaux sont à meilleur compte.

Tout cela n'empêche pas, que je Vous ne felicite de la superbe execution du San-tsu-king, qui doit même etonner les Chinois, qui le verront. Mon seul desir est d'avoir bientôt l'honneur de connaître Votre nom, et de me mettre en correspondance directe avec un propagateur si zélé de la litterature Chinoise en Europe.

Agréez en attendant l'assurance de la consideration très-distinguée avec laquelle j'ai l'honneur d'etre

Monsieur

Paris ce 20 Janv. 1820 Votre très humble et très obeissant serviteur

JHKlaproth

Rue Coquillière Nr. 23

Mein Herr,

Seit drei Tagen bin ich voll Bewunderung vor Ihrem schönen Werk, das durch die Tadellosigkeit und die Eleganz der Ausführung allem gleichkommt, was ich an vollkommenerem in China Gedrucktem gesehen habe; und das alles weit hinter sich läßt, was an Versuchen bis jetzt in Europa und Indien erschienen ist. Ohne den Stempel auf der ersten Seite, die das Exemplar umhüllte, das Sie mir die Ehre erwiesen mir zu schicken, hätte ich nie geglaubt, daß das Werk in Europa gedruckt wäre.

Was Sie das kaiserliche Wörterbuch nennen, mein Herr, ist wahrscheinlich das Khang-hy-tsu-tian[23]; aber erlauben Sie mir zu bemerken, daß Ihre Zeichen nicht alle ganz genau wie in diesem Thesaurus der chinesischen Sprache sind, z.B. das Wort *meng* folgendermaßen 孟 geschrieben und bei Ihnen 孟. Im Übrigen ist das kein Fehler, sondern ein verschiedener Stil.

Was den Schnitt Ihrer Zeichen angeht, so scheinen sie mir in Holz ausgeführt zu sein, und ich sehe nicht, daß Sie den selben Buchstaben durch Klischierung stereotypiert haben, wenn er mehrfach wiederkommt. Das San tsu king enthält 1068 chinesische Zeichen.

Um sie in Holz schneiden zu lassen, zu 30 Sous pro Stück, das verursacht eine Ausgabe von 1602 Franc. Mit Hilfe der Stereotypie reduziert sich diese Summe vielleicht auf 1200 Fr. Ein Handwerker, ein Holzschneider, kann bis zu 15 Zeichen pro Tag ausführen. Er brauchte dann 71 Tage, um 1068 Zeichen zu vollenden. Sie sagen mir, mein Herr, daß Ihr Verfahren weniger kostenträchtig und schnell ist; Ihre Gravur müßte daher bedeutend weniger kosten, im Falle, daß Sie die Gravur in Paris oder in Frankreich ausführen lassen, denn im Ausland ist diese Art von Arbeit teurer.

Das alles hindert nicht, daß ich Ihnen zu der hervorragenden Ausführung des San-tsu-king [*Sanzijing*] gratuliere, das selbst die Chinesen erstaunen dürfte, die es sehen würden. Mein

---

22   gebräuchlicher: *clichage.*

23   Das *Kangxi zidian* 康熙字典, im Auftrag des Kangxi-Kaisers zusammengestellt, wurde das Standard-Wörterbuch mit der bis heute verwendeten Einteilung nach 214 Radikalen (Schlüsseln). Es wurde 1716 veröffentlicht und enthält etwa 47,000 Zeichen.

einziger Wunsch ist es, bald Ihren Namen zu erfahren und mich mit dem so eifrigen Verbreiter der chinesischen Literatur in Europa in direkten Briefwechsel zu setzen.

Genehmigen Sie inzwischen die Versicherung der ausgezeichnetsten Hochachtung mit der ich die Ehre habe zu sein, mein Herr, Ihr bescheidenster und gehorsamster Diener
JH Klaproth

3

St.Petersbourg le 27 Novembre/9 Decembre 1821 [Reponse 10 Avril 22.]

Monsieur
Vous avez temoigné à Mons. l'Academicien Frähn[24] le desir d'avoir une copie de la quatrième feuille de la preface de la Geographie générale de la Chine intitulée *[Da Qing yitong zhi]* 大清一統志 qui se trouve dans la bibliothèque de Musée asiatique d'ici. M. Frähn s'est adressé à moi & je me suis fait un plaisir de satisfaire à cette demande en faisant executer un facsimile de ladite feuille par un artiste que j'emplois depuis trois ans à la gravure de caractères Chinois & qui dans cet art a acqui un grand degré de perfection c'est le même qui a executé le *[Sanzijing]* que j'ai eu l'honneur de Vous adresser il y a deux ans. Il vient de terminer le *[Daxue]* 大學 dont je Vous joins ici l'epreuve de la première & la demière feuille comme toutes les fautes ne sont pas encore corrigées je n'ai pas voulu vous adresser le tout, mais pour le premier courrier j'espère pouvoir vous le faire tenir. J'ai choisi de preference le style manuscrit parcequ'il est plus elegant & qu'il apprendra aux commençans les libertés que les Chinois se permettent dans leur ecriture manuscrite.

Je saisis cette occasion Monsieur pour Vous remercier de la peine que Vous Vous êtes donnée de me procurer les deux ouvrages de Fourmont & si je ne croyais pas être indiscret je Vous prierai de me faire l'acquisition des deux ouvrages suivants:

Confucius Sinarum Philosophus par Couplet[25] &

Sinensis Imperii libri Classici VI de Noel.[26] Ainsi que la traduction française qui en a paru chez Didot en 7 vol. in 18.

J'ai chargé S. E. M. de Saltycoff de Vous remettre Monsieur, les 30 francs pour les deux ouvrages de Fourmont,[27] il vous remboursera egalement le montant de deux ouvrages que je Vous demande. M. de Saltycoff[28] demeure rue d'Artois Hotel d'Dunkerque N° 32. Si Vous avez quelques choses à me faire parvenir, M. de Schröder[29] Conseiller d'Etat & d'Ambassade de Russie se chargera de me le faire tenir.

Agreez l'assurance de la considération très distinguée laquelle j'ai l'honneur d'etre Monsieur Votre très humble & très obéissant serviteur Paul Bon Schilling de Canstadt
à Mr Jules de Klaproth

---

24 Christian Martin Frähn, Rostock (4. Juni 1782–28. Aug. 1851 St. Petersburg), Orientalist und Numismatiker, Professor der Orientalistik an der Universität Kazan; 1818 wurde er Direktor des neugegründeten Asiatischen Museums in St. Petersburg. Vgl. Heinrich Klenz: Christian Martin Joachim Frähn. *ADB* 48.1904, 674–676.

25 *Confucius Sinarum philosophus, sive scientia sinensis latine exposita.* Studio et opera Prosperi Intorcetta, Christini Herdtrich, Francisci Rougemont, Philippi Couplet. Parisiis: Daniel Hothemels 1687. CXXV,108,21,160,XX, 106 S.

26 François Noel: *Sinensis Imperii libri classici sex,* nimirum Adultorum Schola, Immutabile Medium, Liber sententiarum, Memcius, Filialis Observantia, Parvulorum Schola, e Sinico idiomate in Latinum traducti. Pragae: Typis Universitatis Carolo-Ferdinandeae 1711. 608 S.

27 Etienne Fourmont: *Meditationes sinicae,* in quibus 1° consideratur linguae philosophicae atque universalis natura, qualis esse, aut debeat, aut possit [...] Lutetiae Parisiorum: Musier le Pere [usw.] 1738. XXVI, 152 S. – *Linguae Sinarum Mandarinicae hieroglyphicae grammatica duplex,* latine & cum characteribus Sinensium. Item Sinicorum Regiae Bibliothecae librorum catalogus. Lutetiae Parisiorum: H. L. Guerin [...] 1742. XL,IV,516 S.

28 nicht ermittelt.

29 Andreas (Andrej Andreevič) Schröder, 1780–1858, Diplomat, seit 1800 im Dienst des Außenministeriums, 1817 Botschaftsrat in Paris, 1829 außerordentlicher Gesandter und bevollmächtigter Minister in Sachsen.

St. Petersburg, den 27. November/9. Dezember 1821 [beantw. 10. April 22]

Mein Herr,
Sie haben Herrn Akademiker Frähn den Wunsch bezeugt, eine Kopie des 4. Blatts des Vorworts der Allgemeinen Geographie Chinas, betitelt *Da Qing yitongzhi,* zu haben, die sich in der Bibliothek des Asiatischen Museums hierselbst befindet. Herr Frähn hat sich an mich gewandt und ich habe mir ein Vergnügen daraus gemacht, diese Bestellung zu befriedigen, indem ich ein Faksimile des genannten Blattes durch einen Künstler ausführen lasse, den ich seit drei Jahren mit der Gravur von chinesischen Zeichen beschäftige und der in dieser Kunst einen hohen Grad an Vollkommenheit erreicht hat; er ist derselbe, der das *Sanzijing* ausgeführt hat,[30] das ich die Ehre hatte, Ihnen vor zwei Jahren zu senden. Er ist dabei, das *Daxue* zu vollenden, von dem ich Ihnen hier eine Fahne des ersten und letzten Blattes beifüge; da noch nicht alle Fehler korrigiert sind, wollte ich Ihnen nicht das Ganze senden, aber mit der ersten Post, hoffe ich, sollten Sie es haben. Ich habe bevorzugt den Manuskriptstil gewählt, weil er eleganter ist und die Anfänger die Freiheiten lehrt, die die Chinesen sich in ihrer Handschrift erlauben.

Ich nehme die Gelegenheit, mein Herr, um Ihnen für die Mühe zu danken, die Sie ich gegeben haben, um mir die beiden Werke von Fourmont zu beschaffen, und wenn ich nicht glaubte, zudringlich zu sein, würde ich Sie bitten, für mich die Erwerbung der beiden folgenden Titel vorzunehmen:
Confucius Sinarum Philosophus von Couplet &
Sinensis Imperii libri classici VI von Noel. Ebenso die französische Übersetzung, die davon bei Didot in 7 Bänden 18° erschienen ist.

Ich habe S. E. Herrn von Saltykov beauftragt, Ihnen die 30 Fr. für die beiden Werke von Fourmont zu übermachen; er wird Ihnen gleichermaßen den Betrag für die beiden Werke, die ich wünsche, erstatten. Herr von Saltykov wohnt rue d'Artois, Hotel de Dunkerque N° 32. Wenn Sie Sachen haben, die Sie mir schicken wollen, wird Herr von Schröder, Staatsrat von der russischen Gesandtschaft es auf sich nehmen, sie mir zukommen zu lassen.
Gestatten Sie die Versicherung der außerordentlichsten Hochachtung, die ich die Ehre habe zu sein, mein Herr, Ihr ganz bescheidener & gehorsamer Diener Paul Baron Schilling von Canstadt

An Herrn Julius von [!] Klaproth

4
Monsieur le Baron!

Paris ce 10 Avril 1822

C'est avec les sentiments de la plus grande reconnoissance, que j'ai reçu l'admirable fac simile de la feuille du Thai-Thsing-y-toung-tchy, qui manquoit dans mon exemplaire, et que Vous avez eu la bonté de faire graver exprès pour moi. Je le repète Vous étonneriez sûrement les Chinois mêmes qui en voyant l'elegance de Vos caractères, se douteront guères, qu'il sont gravés dans le pays des Ting-ling ou dans le Khang-kiu. Je me fuis empressé de chercher les livres que Vous me demandez. Malheureusement ils sont difficiles à trouver et fort chers; de sorte que je n'ai pas acheté la traduction de Confucius par le P. Noël, qui en elle même ne vaut pas deux sous, et qu'on me faisait soixante cinq francs. Je n'ai pas hésité de donner vingt francs pour le Confucius du P. Couplet, que Vous recevez ci-joint, mais je n'ai pas voulu prendre les moralistes Chinois, qui ne sont qu'une mauvaise traduction du Latin du P. Noël, et qui sont aussi fort chers, sans avoir eu auparavant Votre détermination pour le prix, que Vous comptez d'y mettre.

---

30   Es dürfte sich um Friedrich Wilhelm Gass (1769–1854) handeln; vgl. H. Walravens: *Jean-Pierre Abel Rémusat (1788–1832). Zu Leben und Werk eines Wegbereiters der Ostasienwissenschaften.* Norderstedt: BoD 2020, 142.

Je prens la liberté de Vous envoyer ci-joint une petite traite de 60 Roubles; ce qui fera avec les 20 francs pour Confucius à-peu-près 80 Roubles que j'ai l'honneur de Vous remettre. Je ne crains pas d'abuser de Votre complaisance en Vous priant de bien vouloir m'acheter les ouvrages dont je joins ici le catalogue, et que je Vous prie de m'envoyer par le moyen de Mr. le Baron de Schroeder; sitôt que cela se pourrait. Quant aux cartes, je compte le faire coller sur toile, dont on peut les plier sans cela nuise, ce qui facilitera en beaucoup l'envoie.

Je desire aussi d'avoir l'histoire Mongole de M. Schmidt[31] , car je pense qu'elle doit etre imprimée à l'heure qu'il est.

Je suppose qu'il y ait à St. Petersbourg un commissionnaire des Missionnaires Anglais, ou de la Bible Society, qui ont fait imprimer à Kasan, Orenbourg, Oufa ect. la bible le nouveau testament et les évangiles. Je suis très-interessé d'avoir tout ce qui a paru dans ce genre en Russie et en Sibérie et Vous m'obligeriez beaucoup en me le procurant. Quant aux dépenses que ces achats occasionneront, je Vous prie de tirer par la maison qui Vous remettera les 60 Roubles de la traite de Mr. Rothschild sur moi, et Mrs. Rothschild honoreront de suite Votre mandat sur moi.

Je dois Vous paraitre, Monsieur le Baron, bien indécent de Vous charger de but en blanc d'une quantité de commissions, mais je compte sur Votre bonté et je m'empresse de Vous offrir le plus ample réciproque.

J'ai l'honneur de joindre à cet envoie une petite dissertation, qui est le premier d'une suite de mémoires sur l'Asie que je fais imprimer ici, et que je Vous prie de communiquer à Mr. Fraehn, auquel je me recommande particulièrement. Je lui aurais envoyé un exemplaire, mais il ne me reste que celui-ci. Je lui fera parvenir l'ouvrage complet, duquel je Vous prierais aussi d'accepter un exemplaire.

Je saisi cette occasion pour Vous prier d'agréer les sentiments de la plus haute estime avec lesquels j'ai l'honneur d'etre Monsieur le Baron
Votre très-humble et très-obeissant serviteur JH Klaproth
P.S. Quant aux livres il vaudrait mieux d'envoyer les exemplaires en feuilles ou brochés que reliés. J'ai les évangiles en Calmuc et en Mongol en forme oblongue, mais pas autre chose dans ce deux langues, imprimé en Russie. Ainsi tout me sera bien venu.

Paris, den 10. April 1822
Herr Baron!
Es ist mit den Gefühlen der allergrößten Erkenntlichkeit, daß ich das wunderbare Faksimile des Blattes des *Da Qing yitongzhi* empfangen habe, das in meinem Exemplar fehlt, und das Sie die die Güte hatten, für mich eigens anfertigen zu lassen. Ich wiederhole, Sie würden sicherlich die Chinesen selbst in Staunen versetzen, die bei der Betrachtung der Eleganz Ihrer Schriftzeichen, sicherlich bezweifeln würden, daß sie im Lande der Dingling[32] oder des Kangju[33] graviert seien. Ich habe mich bemüht, die Bücher zu suchen, die Sie wünschen. Leider sind sie schwer zu finden und sehr teuer; deshalb habe ich die Übersetzung des Konfuzius von P. Noel, die für sich bei zwei Sous steht und die mich 65 Franc kosten sollte, nicht erworben. Ich habe nicht gezögert, zwanzig Franc für den Konfuzius des P. Couplet zu geben, den Sie beigefügt empfangen, aber ich wollte nicht die chinesischen Moralisten nehmen, die nur eine schlechte Übersetzung des Lateinischen des P. Noel und auch sehr teuer sind, ohne zuvor eine Bestimmung des Preises zu

---

31   Dies bezieht sich möglicherweise auf die erst später erschienene Publikation: *Forschungen im Gebiete der älteren religiösen, politischen und literärischen Bildungsgeschichte der Völker Mittel-Asiens, vorzüglich der Mongolen und Tibeter.* Von Isaac Jacob Schmidt. Mit zwei Tafeln in Steindruck. St. Petersburg: gedruckt bei Karl Kray; Leipzig: Carl Cnobloch in Komm. 1824. XIV, 287 S., 2 unpag. S. Verbesserungen und Zusätze. Schmidt hatte bereits in Briefen von 1820 an das *Journal asiatique* über seine Forschungen berichtet. Wie aus späteren Äußerungen hervorgeht, ist aber doch eher an das *Erdeni tobči*, die Geschichte der Ostmongolen, gedacht.

32   Dingling 丁零 ein Volk in Südsibirien, möglichweise Vorfahren der Uiguren.

33   Kangju 康居 heute als Sogdiana identifiziert.

haben, den Sie zu zahlen bereit sind. Ich bin so frei, Ihnen anliegend einen kleinen Wechsel über 60 Rubel zu senden; das macht zusammen mit den 20 Franc für den Konfuzius annähernd 80 Rubel, die ich Ehre habe, Ihnen zu übermachen. Ich fürchte nicht, Ihre Gefälligkeit zu mißbrauchen wenn ich Sie bitte, für mich die Werke zu kaufen, wovon ich hier den Katalog beifüge, und die ich bitte, mir durch den Herrn Baron von Schröder zukommen zu lassen, sobald es sich ermöglichen läßt. Bezüglich der Karten, so will ich sie auf Leinen aufziehen lassen, das man ohne Schaden falten kann, was den Versand sehr erleichtert.

Ich hätte auch gern die mongolische Geschichte von Herrn [Isaak Jakob] Schmidt, denn ich denke, daß sie gerade jetzt gedruckt sein dürfte.

Ich nehme an, daß es in St. Petersburg einen Kommissionär der Britischen Bibelgesellschaft oder der Bible Society gibt, die in Kasan, Orenburg, Ufa usw. die Bibel, das Neue Testament und die Evangelien hat drucken lassen. Ich bin sehr interessiert, alles zu haben, was auf diesem Gebiet in Rußland und Sibirien erschienen ist und Sie würden mich sehr verbinden, wenn Sie mir das beschafften.

Was die Kosten betrifft, die durch solche Käufe entstehen würden, so bitte ich Sie, dies durch das Haus, das die 60 Rubel des Wechsels von Herrn Rothschild für mich geschickt hat zu regeln, und die Herren Rothschild werden Ihre Forderung an mich umgehend begleichen.

Es dürfte Ihnen, Herr Baron, ziemlich unziemlich erscheinen, Sie mit einer Anzahl von Aufträgen blanko zu belasten, aber ich rechne auf Ihre Güte und ich beeifere mich, Ihnen die ausgiebigsten Gegenleistungen zu bieten.

Ich habe die Ehre, dieser Sendung eine kleine Schrift beizulegen, die die erste einer Folge von Denkschriften über Asien ist, die ich hier drucken lasse, und die ich Sie bitte, Herrn Frähn mitzuteilen, dem ich mich besonders empfehle. Ich hätte ihm ein Exemplar geschickt, aber ich habe nur dieses eine übrig. Ich werde ihm das vollständige Werk zukommen lassen, von dem ich Sie auch bitte, ein Exemplar anzunehmen.

Ich ergreife die Gelegenheit, Sie zu bitte, die Gefühle der höchsten Wertschätzung zu genehmigen, mit denen ich die Ehre habe zu sein, Herr Baron, Ihr ganz bescheidener und gehorsamster Diener
JHKlaproth

P.S. Was die Bücher angeht, wäre es besser Exemplare in Bogen oder broschiert als gebunden zu senden. Ich habe die Evangelien auf Kalmükisch und Mongolisch in länglicher Form, aber nichts anderes in den beiden Sprachen, was in Rußland gedruckt ist. So wird mir alles willkommen sein.

5

Paris ce 25 Sept. 1822

Monsieur le Baron!
Excusez moi, si je me suis pas empressé de Vous témoigner plutôt ma reconnoissance pour les deux envois de traductions bibliques, que Vous avez eu la bonté d'acheter pour moi. J'ai passé une partie de l'été au bords de la mer, et je n'ai reçu Votre dernier paquet qu'à mon retour. Quant au vocabulaire Siuan-lo [暹羅[34]] je trouve quelqu'un qui veut en faiser le calque moyennant la somme de trente francs. Il contient 80 feuillets ou 160 pages. La même personne a calqué tous ces vocabulaires pour moi, il y a deux ans.

J'ai l'honneur de Vous envoyer ci-joint autant qu'il y a d'imprimé de ma dissertation sur les Ouigours, dans laquelle Vous trouverez le vocabulaire de Peking, comparé aux autres dialectes turcs. L'ouvrage serait déjà achevé, si d'autres occupations n'auraient pas pris tout mon tems. Cependant Monsieur Schmidt ne perdera rien par ce retard, car j'ai recueilli une quantité

---

34   d.i. Thai.

suffisante d'eclairs pour foudroyer ce pauvre traducteur calmyco-mongol, qui croit, parce qu'il sait les langues, avoir le droit de déraisonner sur les faits historiques. Chose qu'arrive à presque tous les interprètes, qui veulent dans leur ignorance de meler de recherches littéraires.

L'histoire mongole que Mr. Schmidt traduit sera sûrement un livre à consulter, mais puis qu'il est très-recent, car il n'a paru que sous Young-tcheng, je pense qu'il faudra s'en servir avec beaucoup de précaution. Les Mongols eux mêmes doivent être très ignorantes sur leurs propres antiquités comme les Mandchoux le sont sur les leurs, car tout ce que la dynastie [Da-Qing] 大清 a pu recueillir sur l'origine de la nation ne remonte pas plus haut que vers la fin du XV siècle de J.C.

Je Vous repète ma priere, d'avoir la bonté de me faire parvenir en exemplaire de l'ouvrage de M. Schmidt sitôt qu'il aura paru. S'il existe quelque évangile ou le nouveau testament traduit en langue Samojede, ou toute autre de la Sibérie, je serais ravi d'en avoir une copie.

J'ai vu ici les pitoyables copies d'inscriptions sibériennes et Mongoles publiées par Mr. Spaski.[35] Comment est il possible qu'on grave de pareilles pieds de mouches, quand il existe à St. Petersbourg une personne de Votre zele et de Votre talent incomparable pour tout ce qui est caractère étranger. Je crois bien que le pauvre Igoumenow[36] n'a pas pu déchiffrer de pareilles barbouillages.

Peut on encore trouver les ouvrages suivants [in kyrill. Schrift]

Sočinenija prinadležaščija k grammatike Čeremiskago jazyka. S.P 1775 pri akad. Nauk.

Tože votskago jazyka

Tože Čuvasskago jazyka[37]

Et le voyage de Iefremow[38] en Boukharie dont j'ignore le titre Russe. Dans ce cas je Vous prierai d'enjoindre des exemplaires au premier paquet que Votre complaisance amicale me fera passer. Je Vous repète en échange l'offre de mes faibles services, et je Vous prie d'agréer les sentiments de la plus parfait considération avec laquelle j'ai l'honneur d'etre Monsieur le Baron Votre très humble et très obéissant serviteur JH Klaproth

Paris, den 25. Sept. 1822

Herr Baron,

Entschuldigen Sie, wenn ich mich nicht beeilt habe, Ihnen mehr meine Erkenntlichkeit für die beiden Sendungen von Bibelübersetzungen zu bezeugen, die Sie die Güte gehabt haben, für mich zu kaufen. Ich habe einen Teil des Sommers am Meeresstrand verbracht und ich habe Ihr letztes Paket erst bei meiner Rückkehr erhalten. Was das Xuanluo 暹羅 Vokabular angeht, finde ich jemand, der eine Pause davon für die Summe von dreißig Franc anfertigt. Es umfaßt 80 Blatt oder 160 Seiten. Dieselbe Person hat alle diese Vokabulare vor zwei Jahren für mich gepaust.

Ich habe die Ehre, Ihnen anliegend soviel als gedruckt ist von meiner Abhandlung über die Uiguren zu senden, worin Sie das Vokabular von Peking, verglichen mit anderen Türkdialekten, finden.[39] Das Werk wäre schon fertig, wenn nicht andere Beschäftigungen meine ganze Zeit in

35   Grigorij Ivanovič Spasskij (1783–1864), Bergrat in Barnaul, korresp. Mitglied der Akademie der Wissenschaften, Historiker Sibiriens, Publizist; Herausgeber des *Azijatskij vestnik*. Vgl. A. F Sidlovskij: *Gr. Iv. Spasskij*. *Izvestija Vsesojuznogo Geografičeskogo Obščestva* 71,8.1939, 1238–41; dazu G. G. Gul'bin, *ibid.* 72,3.1940, 447–448.

36   Vgl. L. S. Pučkovskij: *Aleksandr Vasil'evič Igumnov (1761-1834)*. *Očerki po istorii russkogo vostokovedenija*. 3. Moskva 1960, 166–195.

37   Vgl. Cat. Klaproth, Nr 425 (alle drei Titel zusammen).

38   Filipp Sergeevič Efremov (1750– nach 1811), russischer Forschungsreisender, dann Übersetzer für orientalische Sprachen beim Außenministerium. Bekannt durch seinen Reisebericht: *Devjatiletnee stranstvovanie i priključenija v Bucharii, Chive, Persii i Indii i vozvraščenie ottuda čerez Angliju v Rossiju*. Sankt-Peterburg 1786, 2.Ausg. 1894, 3.1811. Vgl. Brokgauz/ Efron: *Ènciklopedičeskij slovar'* 22.1894, 694–695.

39   *Abhandlung über die Sprache und Schrift der Uiguren*. Nebst einem Wörterverzeichnisse und anderen uigurischen Sprachproben, aus dem Kaiserlichen Übersetzungshofe zu Peking. Herausgegeben von Julius Klaproth. Paris:

Anspruch genommen hätten. Inzwischen wird Herr Schmidt nichts verlieren durch diese Verzögerung, denn ich habe eine genügende Menge von Blitzen gesammelt, um diesen armen kalmükisch-mongolischen Übersetzer zu erschlagen, der glaubt, weil er die Sprachen kennt, das Recht zu haben, über historische Tatsachen zu faseln. Es ist etwas, das bei fast allen Dolmetschern geschieht, die sich in ihrer Unkenntnis mit literarischen Forschungen befassen wollen.

Die mongolische Geschichte, die Herr Schmidt übersetzt[40], wird sicherlich ein Buch sein, das zu konsultieren ist, aber da sie sehr neu ist, denn sie ist erst unter Yongzheng erschienen[41], denke ich, daß man sich ihrer mit viel Vorsicht bedienen sollte. Die Mongolen selbst dürften über ihre eigenen Altertümer ebenso unwissend sein wie es die Mandschus über ihre sind, denn alles, was die Qing-Dynastie über den Ursprung der Nation hat zusammentragen können, geht nicht weiter zurück als das Ende des 15. Jahrh. nach Chr.

Ich wiederhole Ihnen meine Bitte, die Güte zu haben, mir ein Exemplar von Schmidts Buch zukommen zu lassen, sobald es erschienen ist. Wenn es ein Evangelium oder ein Neues Testament in samojedischer Übersetzung, oder eine andere Sprache Sibiriens gibt, wäre ich beglückt, davon ein Exemplar zu haben.

Ich habe hier die kläglichen Kopien von sibirischen und mongolischen Inschriften[42] gesehen, die Herr Spasskij veröffentlicht hat. Wie ist es möglich, daß man dergleichen Absatzzeichen[43] sticht, da doch in St. Petersburg eine Person von Ihrem Eifer und unvergleichlichem Talent für alle ausländischen Zeichen existiert. Ich glaube gern, daß der arme Igumnov dergleichen Sudelei nicht entziffern konnte.

Kann man die folgenden Bücher noch finden:

Sočinenija prinadležaščija k grammatike Čeremiskago jazyka.[44]

Dass. Votskago jazyka.[45]

Dass. Čuvašskago jazyka

Und die Reise des Efremov in der Bucharei, wovon ich den russischen Titel nicht weiß.

Ggf. würde ich Sie bitten, die Exemplare dem ersten Paket beizuschließen, das Sie die freundschaftliche Gefälligkeit haben mir zu senden. Ich wiederhole Ihnen im Austausch das Angebot meiner schwachen Dienste, und ich bitte Sie, die Gefühle der vollkommensten Hochachtung zu genehmigen, mit der ich die Ehre habe zu sein, Herr Baron, Ihr ganz bescheidener und gehorsamer Diener JHKlaproth

---

Königliche Druckerey 1820. 68 S. – Die obige Bemerkung „soviel als gedruckt ist" aus dem Herbst 1822 und die Tatsache, daß die *Abhandlung* mit Klaproths *Verzeichniss der chinesischen und mandshuischen Bücher und Handschriften der Königlichen Bibliothek zu Berlin* im Jahre 1822 veröffentlicht wurde, stellt die Angabe „1820" wohl als beabsichtigtes aber wohl nicht wirkliches Publikationsdatum dar. Nach diesem Indiz ist wohl von 1822 auszugehen. Klaproth notierte selbst: Elle a paru comme appendice de mon Catalogue des livres livres chinois et mandchoux de la Bibliothèque de Berlin. Paris 1822, fol. *Journal asiatique* 5.1824, 200.

40   *Die Geschichte der Ost-Mongolen und ihres Fürstenhauses,* verfaßt von Ssanang Ssetsen Chungtaidschi der Ordus; aus dem Mongolischen übersetzt und mit dem Originaltexte, nebst Anmerkungen, Erläuterungen und Citaten aus andern unedirten Originalwerken herausgegeben von Isaac Jacob Schmidt. St. Petersburg: Academie der Wissenschaften 1929. XXIV, 509 S. Der Zensurvermerk ist von 1827, sodaß sich der Druck, vor allem des mongolischen Textes, zwei Jahre hingezogen hatte. Er wurde erst ermöglicht durch eine Subvention des Zaren von 10000 Rubeln, wie Frähn in der *Leipziger Literatur-Zeitung* von 1827 berichtete. Den Druck führte Nikolaj Gretsch aus, mit dem Schmidt bereits bei seinen mongolischen Bibelübersetzungen gearbeitet hatte. Schmidt dankt ausdrücklich Schilling von Canstadt für die „Mittheilung der ... reichen literärischen Hülfsmittel zu meiner Arbeit".

41   Das Werk wurde 1662 verfaßt. Vgl. B. Laufer: *Skizze der mongolischen Literatur.* Budapest 1907, 209.

42   *De antiquis quibusdam sculpturis et inscriptionibus in Siberia repertis.* Scripsit Gregorius [Ivanovič] Spassky, Imperialis Academiae Scientiarum Petropolitanae litterarum commercio iunctus. Petropoli: Gretsch 1822. 6 S., 7 Ill.

43   Hier wohl eher in der wörtlichen Bedeutung „Fliegenfüße" zu verstehen.

44   Davon liegt eine Faksimile-Ausgabe vor: *The first Cheremis grammar.* A facsimile edition with introduction and analysis by Thomas A. Sebeok and Alo Raun. Chicago: Newberry Library 1956. III, 65, 136 Seiten

45   Davon liegt ebenfalls eine Faksimileausgabe vor: *The first Votyak grammar.* Photolithographic reprod. of the orig., publ. in St. Petersburg 1775, with an introd. by Gyula Décsy. Bloomington, Indiana Univ. 1967. 113 S. Mutmaßlicher Verfasser: Veniamin Pucek-Grigorovič.

6

Monsieur le Baron

J'ai l'honneur de Vous envoyer ci-jointe une lettre du Secretaire de la Société Asiatique, par laquelle la Société Vous prie d'agréer le choix qu'elle a fait de Vous, pour etre un de ses associés etrangers.

Je Vous prie de recevoir avec indulgence le petit ecrit de ma façon qui accompagne ces lignes, et je saisis cette occasion pour Vous rapeller les demandes de ma derniere.

J'ai l'honneur de Vous réiterer l'assurance des sentiments inalterables avec lesquels je suis Monsieur le Baron

Paris ce 14 Novembre 1822. Votre très humble et très obeissant Serviteur JHKlaproth

Herr Baron,

Ich habe die Ehre, Ihnen beiliegend einen Brief des Sekretärs der Asiatischen Gesellschaft zu übersenden, durch den die Gesellschaft Sie bittet, Ihre Wahl zu einem ihrer auswärtigen Mitglieder zuzustimmen.

Ich bitte Sie, mit Nachsicht die kleine Schrift meinerseits entgegenzunehmen, die ich diesen Zeilen beifüge, und ich nutze die Gelegenheit, Sie an die Bitten meines letzten [Briefes] zu erinnern.

Ich habe die Ehre, Ihnen die Versicherung meiner unveränderlichen Gefühle zu wiederholen, mit denen ich bin,

Herr Baron, Ihr bescheidenster und gehorsamster Diener JHKlaproth

Paris, den 14. November 1822

7

Monsieur le Baron!

J'apprens à l'instant même qu'un Courier part pour St. Petersbourg, et je saisis cette occasion pour me rappeler à Votre souvenir bienveillant. Ci-joint deux lettres adressées à notre société asiatique par un ancien capitaine de cavalerie.[46] 16 Févr. 1823 JH Klaproth

Herr Baron!

Ich erfahre gerade in diesem Moment, daß ein Kurier nach St. Petersburg abgeht, und ich ergreife die Gelegenheit, mich wieder in Ihre wohlwollende Erinnerung zu bringen. Anbei zwei Briefe, die von einem ehemaligen Rittmeister der Kavallerie an unsere asiatische Gesellschaft adressiert wurden.

16. Febr. 1823 JHKlaproth

8

Paris d. 6 April 1824 Passage Sendrier Nr. 6

Werther Freund

Hoffentlich werden Sie in Rom, ohne unter Räuber gefallen zu sein, angelangt sein, und ich wünsche daß Sie dort recht viel Tübetica vorfinden mögen. Von St. Petersburg ist soviel ich weiß noch kein Courrier angekommen. Ich erwarte indessen das Supplement zum Mandshu Wörterbuch mit Schmerzen.

---

46   Lettre adressée *à la Société asiatique de Paris,* par Louis de l'Or, ancien officier de cavalerie. Paris: Imprimerie de Fain, place de l'Odéon 1823. 16 S. – *Seconde lettre adressée à la Société asiatique de Paris,* par M. Louis de l'Or, ancien officier de cavalerie. Paris: Impr. de Dondey-Dupré 1823. 45 S.

In der gestrigen Sitzung der Asiatischen Societät ist Speranski[47]zum auswärtigen Mitgliede ernannt worden. Die öffentliche Sitzung wird am 28 dieses Monats sein. Als Probe von unseren Schriften werde ich dann das 8te Capitel des Matthaeus Mandshuisch, Mongolisch und Georgisch vertheilen.[48]

Sie würden mir eine besondere Freundschaft erzeigen, wenn Sie mir in Rom unverzüglich kauften: Ignatii Rossi *Etymologiae Aegyptiacae*. Romae 1808. 4°;[49] und das Buch eingesiegelt, mit der Adresse A Monsieur Monsieur Martini chez Mr. Rothschild à Paris, bei dem Banquier Xavier Scultheis in Rom abgäben. Es ist derselbe beauftragt worden das Paquet mit dem nächsten Rothschildschen Courrier hierher zu senden. Wenn Sie sonst noch eine Kleinigkeit beizulegen haben so thun Sie es, doch so daß das Paquet nicht zu stark wird.

Mit Sallé habe ich noch nichts aufstellen können *c'est un ano duro*. Hier folgen die Titel der in Japan gedruckten Grammatiken und Lexica. Suchen Sie davon etwas in Rom zu bekommen, und wenn doppelt auch für mich.

Arte da lingoa de Iapam composta pello Padre Joao Rodriguez

Nangasaqui 1604. 4° – Zusammen 240 Blätter.[50]

Vocabulario da lingoa de Japam com a declaração em Portugues; feito por alguns Padres, e Irmaos da Companhia de Jesu. Nangasaqui 1593. 4° Mit einem Supplemento von 1604.

Zusammen fol. 402. 6.[51]

Dictionarium Latino Lusitanicum, ac Japonicum ex Ambr. Calepini volumine depromptum. Amacusa 1595.[52] 4° In gefalteten Columnen 90 pag.

Empfehlen Sie mich dem Cardinal Zurla[53] und erfreuen Sie mich bald mit einigen Zeilen.

[jinbai] 謹拜 JH Klaproth

P.S. In Neapel werden Sie wahrscheinlich Chinesen treffen die Volksdialecte sprechen. Machen Sie doch ein kleines Vocabular zum Behuf des *Mithridates*[54] Auch von anderen Sprachen wird mir alles willkommen sein, und Sie werden mit Dank genannt werden. Vergessen Sie nicht den Hervas.[55] Champollions[56] Buch hat meinen *vollkommenen* Beifall, er hat alles erwiesen und das ist viel.

A Monsieur

---

47   Michail Michajlovič Speranskij (1772–1839), 1839 Graf, Reformer, Berater des Zaren; 1819–1821 Generalgouverneur von Sibirien. Vgl. M. Raeff: *Michael Speransky, statesman of imperial Russia 1772–1839.* The Hague 1957; P. Scheibert: Marginalien zu einer neuen Speranskij-Biographie. *Jahrbücher für Geschichte Osteuropas* 6.1958, 449–467.

48   Bislang nicht ermittelt.

49   Ignatii Rossi *Etymologiae aegyptiacae.* Roma 1808. Cat. Klaproth 704.

50   *Arte da lingoa de Iapam* composta pello Padre Ioão Rodriguez [...] Nangasaqui: Collegio de Iapão da Companhia de Iesu 1604. 239 [234] Bl. *(Kirishitan bunko,* 26).

51   *Vocabulario da lingoa de Iapam* com a declaração em Portugues, feito par alguns Padres, e Irmãos da Companhia de Iesu. Nangasaqui: Collegio de Iapam da Companhia de Iesus 1603. 330 S. - Supplemento deste Vocabulario. 1604. S.332–402. *(Kirishitan bunko,* 27).

52   *Dictionarium Latino Lusitanicum, ac Iaponicum,* ex Ambrosii Calepini volumine depromptum. Amacusa: Collegium Iaponicum S. I. 1595. 908 S. *(Kirishitan bunko,* 15)

53   Placido Zurla (1761–1834), Leiter der Hochschule der Propaganda, Geograph. Vgl. Michaud: *Biographie universelle* 45. (2.Ausg. o.J.), 634–635.

54   Klaproth plante sein Leben lang eine neue Ausgabe des *Mithridates* von Adelung und Vater, an dessen 4. Band er selbst mitgearbeitet hatte: *Mithridates oder allgemeine Sprachenkunde mit dem Vaterunser als Sprachprobe in bey nahe fünfhundert Sprachen und Mundarten,* von Johann Christoph Adelung, Churfürstl. Sächsischen Hofrath und Ober-Bibliothekar [....] fortgesetzt von Johann Severin Vater. 4.Teil. Berlin 1817. Das im Nachlaß gefundene Konvolut ist heute nicht mehr zu lokalisieren.

55   Lorenzo Hervas: *Vocabulario poliglotto.* Cesena: Biasini 1787. (Idea dell'universo.20.) Cat. Klaproth 1863, oder *Catalogo delle lingue conosciute e notizia délia loro affinità, e diversità,* opéra ab D. Lor. Hervas. Cesena: Biasini 1785. Cat. Klaproth 282.

56   Jean François Champollion (1790–1832), 1809 Professor für Geschichte in Grenoble, der berühmte Entzifferer der Hieroglyphen. Vgl. *NBG* 9.1855, 646–653. Ob es hier um *Précis du système hiéroglyphique des anciens Egyptiens.* Paris: Treuttel 1824, *Lettre à M. Dacier relative à l'alphabet des hiéroglyphes phonétiques.* Paris: Didot 1822. 52 S. oder ein anderes Werk geht, wird aus dem Kontext nicht deutlich.

Monsieur le Baron Schilling de Canstadt
Conseiller d'Etat de S.M. l'Empereur de toutes les Russies, Chevalier de Plusieurs ordres ect.
ect. etc.
Chez S.E. le Comte Italinski, Ambassadeur de Russie[57]
A Rome

9 [An N.N.]
Monsieur
J'ai l'honneur de Vous adresser ces lignes, par l'entremise de Monsieur le Baron Schilling de
Canstadt, qui va passer quelque tems à Londres. C'est un grand connoisseur des langues
Asiatiques et principalement du Tibétain. Je ne doute pas que Vous ne me saurez gré de Vous
avoir procuré la connoissance d'une personne aussi distinguée sous tous les rapport, et je Vous
prie d'avoir pour lui la même bonté que Vous m'avez témoigné toujours.
Recevez, je Vous prie, l'assurance des sentiments respectueux de Votre très humble et très
obéissant serviteur JH Klaproth
Paris ce 9 Oct. 1824

Mein Herr,
Ich habe die Ehre, Ihnen diese Zeilen zu senden, zur Vermittlung von Herrn Baron Schilling
von Canstadt, der einige Zeit in London verbringen wird. Er ist ein großer Kenner der
asiatischen Sprachen und besonders des Tibetischen. Ich zweifle nicht, daß Sie mir nur Dank
wissen werden, daß ich Ihnen die Bekanntschaft einer in jeglicher Hinsicht so ausgezeichneten
Persönlichkeit verschaffe, und ich bitte Sie, ihm dieselbe Güte zu erzeigen, die Sie mir immer
bewiesen haben.
Empfangen Sie bitte die Versicherung der ehrerbietigen Gefühle Ihres ganz bescheidenen und
gehorsamen Dieners JH Klaproth

Paris, den 9. Okt. 1824

10

Paris 11 Octobre 1824
In der Hoffnung daß Sie glücklich in London angekommen sind, schreibe ich Ihnen um Sie zu
bitten mir so schleunig wie möglich, durch Rothschild unter Martinis Couvert (9. Rue d'Artois)
die Fehler im Tibetischen der *Asia polyglotta* zu schicken. Ich brauche sie jetzt zum Druck der
Schrift gegen Schmidt. Sollten Sie einen 3ten Band des Lexicons von Morrison für mich als
Geschenk erhalten können so würden Sie wohl thun ihn zu nehmen.
Nächstens mehr von Ihrem aufrichtigen JH Klaproth
(Schreibübung: Le nephew est venu voir son oncle)

11

Paris d. 1. Nov. 1824
Lieber Freund
Ihren Brief und auch die drei Paquete für Mlle Millet[58] habe ich richtig erhalten. Da kurz darauf
ein anderer Russischer Courrier von London angekommen ist, so habe ich die Hoffnung
aufgegeben Sie sobald hier zu sehen. –

57   Andrej Jakovlevič Italinskij (1743–1827), 1802–1816 Gesandter in der Türkei, 1816–1827 Gesandter beim Heiligen
      Stuhl. Vgl. *RBS* 8.1897,151–152.
58   Nicht ermittelt.

Der dritte Band von Morrison[59] für Remusat ist nun hier angekommen, geben Sie sich also weiter keine Mühe ihn von Morrison zu bekommen. Wir sind nun quitt.

Sie würden mir einen großen Gefallen erzeigen wenn Sie die Charte von Martucci[60] genau in Augenschein nähmen und mir mit nächsten eine Notiz davon gäben. Erlauben Sie mir folgende Fragen.

1. Ist sie complêt?

2. Von welchem Jahre?

3. Ist sie chinesisch und mandshuisch, oder nur chinesisch.

4. Ist sie in der geraden oder schrägen Projektion

Thun Sie mir auch die Gefälligkeit für mich einen schwarzen Schleyer für 1 oder 1 1/2 Guineen zu kaufen. Ich hatte ihn Madame Doulx[61] von London mitzubringen versprochen, habe es aber vergessen.

Sie erhalten anbei was von Schmidt[62] fertig ist.

In der Hoffnung Sie baldigst gesund und froh wieder zu sehen, mit freundschaftlicher Hochachtung der Ihrige

JHKlaproth

12

J'ai reçu de Monsieur le Baron de Schilling

1 Le *[tongwenzhi]* 同文志 dictionnaire géographique du Tubet et de l'interieur de l'Asie en huit volumes.

2. La nouvelle édition de la Carte du Japon de 1811. Une grande feuille in folio.

Je promets de lui rendre ces objets au plus tard en 6 mois de date.

Paris ce 26. Dec. 1824 JH Klaproth

Ich habe von Herrn Baron Schilling erhalten:

1 Das *[tongwenzhi]* 同文志, geographisches Lexikon von Tibet und Inner-Asien in acht Bänden.

2 Die neue Ausgabe der Karte von Japan von 1811. Ein großer Bogen in folio.

Ich verspreche ihm diese Gegenstände spätestens nach 6 Monaten von heute zurückzugeben.

Paris, den 26. Dez. 1824 JH Klaproth

13

London d. 13 Jan 1825

Hoffentlich sind Sie, theuerster Herr Baron, glücklich in Wien angelangt. Was mich betrifft so habe ich eine ganz gute Überfahrt gehabt, indem unser Dampfboot von Calais nach Dover nur 4 Stunden unterwegs gewesen ist. Aus der Aufschrift dieses Briefes werden Sie ersehen, daß Sie die hiesige Asiatische Gesellschaft zum Mitgliede gemacht hat, wie mir soeben Dr. [G. H.] Noehden[63] sagt, der Sie verbindlichst grüßen läßt.

Bei Nozeck [?] bin ich heute gewesen. Seine Preise sind ungeheuer und die Bücher wenig

---

59   *A dictionary of the Chinese language, in three parts*: part the first, containing Chinese and English, arranged according to the radicals, part the second, Chinese and English arranged alphabetical, and part the third, English and Chinese, by the Rev. Rob. Macao: Printed at the Honourable East India Company Press 1815–1823.

60   Onorato Martucci (1774–1846), Kaufmann, Reisender und Sammler. Er gründete ein Chinesisches Museum in Rom, das er an den König von Bayern verkaufte. Vgl. H. Walravens (Hrsg.): Onorato Martucci: *Schriften über China*. Mit einer biobibliographischen Skizze und einem Faksimile eines Auktionskataloges. Hamburg: C. Bell 1984. 176 S. 4° (Han-pao tung-Ya shu-chi mu-lu 25.)

61   Madame Doulx wird in einem Brief an Ladislaus Endlicher, als Besitzerin zweier japanischer Wörterbücher, erwähnt. Vgl. Julius Klaproth: *Briefwechsel mit Gelehrten*. Wiesbaden: Harrassowitz 2002, 45.

62   Julius Klaproth: *Beleuchtung und Widerlegung der Forschungen über die Geschichte der mittelasiatischen Völker des Herrn J.-J. Schmidt, in St. Petersburg*. Paris: Dondey-Dupré 1824. 115 S.

63   Georg Heinrich Noehden (1770–1826), Philologe, Sekretär der Antikenabteilung des British Museum. Vgl. Michaud: *Biographie universelle*. 30 (2.Ausg., o.J.), 651.

interessant. Die Charte von China habe ich noch nicht gesehen, glaube aber daß sie nichts werth ist. Der Atlas der Provinz [Guangdong] sieht ganz gut aus, ist gewiß aber sehr fehlerhaft, indem die Berge in horizontalen Reihen neben einander stehen wenigstens in den specielleren Charten. Die Encyclopaedie *Yuan kian lui han*[64] ist zwar ein gutes Buch aber das Exemplar ist sehr schlecht, und so wie alle Martuccischen Bücher[65] verdorben, indem er sie hat halb chinesisch halb europäisch wollen binden lassen. Bei Reeves[66] bin ich noch nicht gewesen, auch noch nicht bei Morrison.[67] Morgen werde ich in das Haus der Asiatischen Gesellschaft gehen um die Stauntonsche[68] Sammlung in Augenschein zu nehmen.

Ich gedenke am 2ten oder 3ten Februar nach Paris zurückzugehen und hoffe dort bald von Neuem einen Brief zu empfangen der mir Ihre Ankunft in St. Petersburg anzeigt. Erwünscht wäre es wenn derselbe von dem Supplemente zum Mandshu-Lexicon und von der Beschreibung von Peking begleitet wäre.

Grüßen Sie, ich bitte, Hammer[69] von mir und sagen ihm, daß ich just am Tage seiner Abreise seinen Beitrag über das Persische für meinen *Mitridathes* erhalten habe und ihm recht sehr dafür danke; ich habe ihn nur durchgeblättert, denn zum Lesen hatte ich nicht die Zeit, er scheint mir sehr interessant und lehrreich zu sein. Es thut mir leid, in dem Buche gegen Schmidt[70] einiges gegen Hammer, den jener als Werkzeug gebraucht hatte, einiges gegen diesen habe einfließen zu lassen [!]. Mich ärgerte aber auch seine Klatscherei mit Silvestre de Sacy,[71] durch die er mir nun die Sache mit diesem ganz verdorben hat. Silvestre de Sacy sollte für den *Mitridathes* nur Notizen geben (über die unbekannteren Semitischen Dialecte hatte er mir sie schon längst versprochen), keineswegs aber eigentlicher Mitarbeiter zu sein. Dazu wußte ich selbst würde er sich nicht verstehen. Er ist überhaupt *un bâton mendeux, qu'on ne sait pas de quel bout prendre.* Mit freundschaftlicher Hochachtung
Der Ihrige JH Klaproth

A Monsieur
Monsieur le Baron Schilling de Canstadt
Membre de la Société Asiatique de Londres
Im Fürstlich Lichtensteinschen Hause in der Wallerstraße
Vienne
Autriche

---

64   *Yuanjian leihan* 淵鑑類函, 450 juan kompiliert 1701, chinesische „Enzyklopädie".

65   Onorato Martucci: *Schriften über China.* Mit einer biobibliographischen Skizze und einem Faksimile eines Auktionskataloges. Hamburg: C. Bell 1984. 176 S. 4° (Han-pao tung-Ya shu- chi mu-lu.25.)

66   John Reeves (1774–1856) ging 1812 in Diensten der East India Company nach Kanton, wo er bis 1831 blieb. Allerdings war er 1824–1826 in England. Über seine botanischen Leistungen vgl. E. Bretschneider: *History of European botanical discoveries in China.* St. Petersburg 1898, 256–263.

67   Robert Morrison (1782–1834), Gründer der protestantischen Chinamission. Er verbrachte die Jahre 1824–1826 in Großbritannien, wo er Mitglied der Royal Society wurde; er brachte bei dieser Gelegenheit seine chinesische Bibliothek mit nach London. Vgl. den Nekrolog in *Das Ausland* 1835, 443–444, 447–448; A. Wylie: *Memorials of Protestant missionaries to the Chinese.* Shanghae: American Presbyterian Mission Press 1867, 3–9.

68   George Thomas Staunton (1781–1859); er lernte auf der Macartney-Gesandtschaftsreise 1792 Chinesisch und war in der Folge bis 1818 für die East India Company tätig. Danach war er Parlamentsmitglied für verschiedene Gebiete. Als Mitgründer der Royal Asiatic Society, 1823, stiftete er ihr eine chinesische Bibliothek von 3000 Bänden. *DNB* 18.1921/22, 1001-1002 (G. C. B.)

69   Joseph von Hammer-Purgstall (1774–1856), österreichischer Orientalist, Reisender und Diplomat. Mitherausgeber (mit dem Grafen Rzewuski [1765–1832]) der *Fundgruben des* Orients; Mitarbeiter der Wiener *Jahrbücher der Literatur.* Vgl. *Österreichisches Biographisches Lexikon* 2.1957/59, 165–168; C. von Wurzbach: *Biographisches Lexikon des Kaiserthums Österreich* 7.1861, 267–289.

70   *Beleuchtung und Widerlegung der Forschungen über die Geschichte der mittelasiatischen Völker des Herrn J.-J. Schmidt, in St.-Petersburg;* von J. Klaproth. Mit einer Charte und zwei Schrifttafeln. Paris: Dondey-Dupré, Vater und Sohn. September 1824. 115 S.

71   Antoine Isaac Silvestre de Sacy (1758–1838), bedeutender Orientalist, seit 1806 Professor des Persischen am Collège de France, Mitgründer und zeitweise Präsident der Société asiatique. Vgl. Michaud: *Biographie universelle* 37 [2. Aufl., o.J.], S. 205–217.

14

Paris d. 9 Sept. 1825

Empfangen Sie, theuerster Herr Baron, meinen besten Dank für alles mir überschickte, und nehmen Sie meine Entschuldigung an wenn ich Ihnen die Hefte des *Thoung wen tchi,* die Sie brauchen nicht sogleich zurücksende. Ich bin mitten in der Arbeit, aber gewiß in 14 Tagen fertig. Die Übrigen erhalten Sie mit Dank einen Monat später zurück.

Der Grund warum ich noch nicht fertig bin, ist der, daß ich statt drei Wochen in London zu bleiben, dort über fünf Monate zugebracht habe. Diese Abwesenheit hat mich in allen meinen Arbeiten sehr aufgehalten. Von London aus habe ich Ihnen einmal nach Wien, unter der gegebenen Adresse geschrieben, ein anderes mal durch einen Russischen Courrier nach St. Petersburg, ich begreife nicht, daß Sie diese beiden Briefe nicht erhalten haben. Sollten Sie, wie man mir hier sagt, nicht nach Wien gegangen sein?

Ich habe Ihnen in Canton ein [*Caozihui*] 艸字彙 bestellt, das wahrscheinlich im Mai ankommen wird. Mit Reeves war nichts zu machen.

Ich hoffte bei meiner Rückkunft in Paris, Ihrem Versprechen gemäß, für mich vorzufinden 1) das Supplement zum Mandshu Wörterbuch 2) Die Beschreibung von Peking. Statt dessen haben Sie das erste der Asiatischen Gesellschaft leiheweise gesendet und das andere vergessen. Dieses ist mir um so schmerzlicher, da ich ohne Hülfe der Beschreibung der Hauptstadt, den Druck meines Werkes[72] in London nicht anfangen kann. Timkovski ist über Peking sehr mager und enthält viel aufgewärmtes. Seyn Sie gütig und besorgen Sie die letztere schleunig hierher, und verschaffen mir, ihrem gütigen Versprechen nach, das erstere.

Sie würden mich auch sehr verbinden, wenn Sie mir, nur ganz Schicht (?), aus Ihrer Ausgabe des [*Da Qing yitongzhi*] 大清一統志 418, das Blatt 1 der Beschreibung von [Akesu] 阿克蘇 (auf dem Schnitt) abschreiben ließen. Es folgt dasselbe der chronologischen Tafel, und geht dem zweiten voran, das mit [Qiqiachi] 奇恰持 anfängt. Es fehlt in Watsons Ausgabe, und ist mir sehr nöthig.

Das Asiatische Journal werden Sie bis Juny, zu Wasser erhalten haben. Sie sind mir dafür 4 1/2 Franken Auslagen bis Havre schuldig. Herr Staatsrath Fraehn hat Ihnen 135 fr. für mich abgegeben macht 139 1/2 Fr. Davon gehen ab, für Pädychef[73] und für die 4 Evangelien, 90 fr 74 Cent. – Bleibt mir bei Ihnen Rest 48 fr. 76 Cent.

Vom Pädychev habe ich nur erhalten[74] 1 Frontispice gravé

Nr 1–46	46 feuilles	
-	47 a & b	2
-	48 a & b	2
-	49 & 50	2
-	51 a & b	2
-	59 a.b.c.d.e.f	6
Summa erhalten	60 -	

Da der ganze Atlas aber 76 Blätter enthalten soll so fehlen mir noch 16. Diese bitte ich mir gütigst zu complettiren. Der General Schubert[75] hat wahrscheinlich den ganzen Atlas,

---

72 *A geographical, statistical and historical description of the empire of China and its dependencies.* Das Buch ist nie erschienen. Vgl. *Journal asiatique 3.*1823, 122 (Ankündigung).

73 d.i. Vasilij Petrovič Pjadišev (1768–1835).

74 Vgl. Cat. Klaproth 930: *Carte général de l'empire de Russie avec les états incorporés, le royaume de Pologne et le grand-duché de Finlande* (par le colonel Pedichef). 1827. 80 Bl., num. 1–60. Ohne Titelblatt. – Paralleltitel: General'naja karta Rossijskoj imperii. Sankt-Petersburg 1827. – Aufnahme der Universitätsbibliothek München: *Geografičeskoj atlas Rossijskoj Imperīī, Carstva Pol'skago i Velikago Knjažestva Finljandskago;* raspoložennyj po gubernījam na dvuch jazykach s označenīem v onych gorodov, městerek, sel ... ; s general'noju kartoju ... na 75 listach. St. Petersburg 1827. 80 Bl.

75 Friedrich Theodor Schubert (1789–1865), General, Militärkartograph, Sohn des Astronomen Theodor Schubert. Vgl. Rainer W. Gärtner: Schubert, Friedrich von in: *Neue Deutsche Biographie 23.*2007, S. 605–606

vollständig in 76 Charten, mit 75 Rubeln bezahlt (Siehe Catalogue du Dépôt topographique[76] de 1825 Seite 14). Also wäre für die fehlenden 16 Blatt nichts mehr zu entrichten.

Sie waren so gütig mir in Paris ein Paar (ungemachte) Casanische Stiefeln zu versprechen. Darf ich Sie daran erinnern. Ich bin daran gewöhnt im Winter, und brauche sie sehr nöthig, die alten sind ent2. Sie würden mich dadurch sehr verbinden.

Da ich einmal im quälen bin so ersuche ich Sie noch womöglich um

Carte de la Russie ancienne, composée par ordre de Fédor Borissowitch, par Gessels Gerânden 1614 – 5 R.

2.Carte générale de la Russie d'Asie. 2 feuilles

Atlas archéologique de la Russie par Mr. le Comte Potocki[77] – 15 (S. Catalogue du Dépôt pag. 8)

Wenn es möglich ist um das neuste rothe Buch, oder den Pekingschen Hofcalender von Tao kuang. Auch um den Militaircalender.

Was Schmidt betrifft, so lasse ich ihn jetzt schreiben was er will. Schreibt er Gutes so werde ich es loben, Uiguren aber mit Stillschweigen übergehen. Er kann Fehler in meinen Werken finden, denn, sagt Goethe: Es irrt der Mensch so lange er lebt. Die seinigen werde ich nicht mehr rügen, wohl aber unsinnige Hypothesen durch die die Wissenschaft zurückgebracht wird, weil sie von Ignoranten angenommen werden. Also z.B. 3000 Sprachen und Dialecte Adelungs[78], oder die Analyse der Chinesischen Buchstaben & die Phoenizische Caractère von Deguignes und was des tollen Zeuges mehr ist. Dieses werde ich stets mit Feuer und Schwerd heimsuchen. Beigehende 3 Bogen des Asiat. Mag. bitte ich Herrn Prof. Fraehn zu communiziren der mir das Original überschicket, und den Wunsch des Canzlers es übersetzt zu sehen, zu erkennen gegeben hat.

Ich habe Ihren Mandshuischen Caracter mit 9 fehlenden Poinçons vermehrt.[79] Auf meinen Vorschlag läßt Ihnen die Asiat. Gesellschaft Matrizen davon abschlagen, die Ihnen als Présent übersendet werden werden. Es fehlten z.B.

um z.B.   zu schreiben, etc.

Meyendorff[80] ist noch nicht fertig.

---

76 *Catalogue des atlas, cartes, plans, estampes et livres qui se vendent au dépôt topographique militaire.* St. Pétersbourg 1825.

77 *Atlas archéologique de la Russie d'Europe*, composé par M. le Comte Potocki. St. Pétersbourg 1810. Estreicher erwähnt noch eine Ausgabe St. Petersburg 1823 mit russischer Übersetzung: Archeologičeskij atlas evropejskoj Rossii, die hier wohl gemeint sein dürfte.

78 Friedrich von Adelung (1768–1843), Linguist, Neffe von Johann Christoph Adelung. 1824- 1843 Direktor des Orientalischen Instituts des russischen Außenministeriums. Zu seinen wichtigeren orientalistischen Arbeiten gehören: *Rapports entre la langue Sanscrit et la langue russe.* 1811; *Katharinens der Großen Verdienste um die vergleichende Sprachenkunde.* 1816; *Übersicht aller bekannten Sprachen und ihrer Dialekte.* 1820. Vgl. *ADB* 1.1875,80 (Leskien).

79 Séance [de la Société asiatique] du 5 septembre 1825: «Les fumées des poinçons mandchoux- mongols, destinés à compléter le corps de caractères tartares dont une fonte a été faite sur les matrices appartenant à M. le baron Schilling de Canstadt, sont présentées par M. Klaproth, un des commissaires nommés pour diriger ce travail. Le conseil arrête que les matrices de ces poinçons seront frappées doubles, et qu'on en offrira un exemplaire à M. le baron Schilling, comme un témoignage de gratitude pour l'obligeance dont il a fait preuve envers la Société.»

80 *Voyage d'Orenbourg à Boukhara, en 1820, à travers les steppes des qui s'étendent à l'est de la Mer d'Aral et au delà de l'ancien Jaxartes*, rédigé par M. le baron Georges de Meyendorff; et revu par M. le chev. Amédée Jaubert. Paris: Dondey-Dupré 1826. Vgl. Cat. Klaproth 1109.

Von Timkovski[81] sind circa 12 Bogen gesetzt. Vom 2ten Bande meiner Memoiren[82] etwa 7.
Vom Georgischen Wörterbuche[83] 13 halbe Bogen.
Ist der Asiatische Westnick[84] der Mühe werth zu lesen so lassen Sie ihn mir doch zukommen.
Mit freundschaftlicher Hochachtung Der Ihrige JH Klaproth
9. Sept. 1825

Ich hoffe Sie nächstens Excellenz zu grüßen.
Warum sind nicht Sie oder Fraehn Director der Asiatischen Schule geworden? – *Les absents ont toujours tort...*

15

Paris d. 10 Sept. 1825
Als ich gestern meinen Brief, den Sie wahrscheinlich viel früher als diesen erhalten werden, an Baron Merian schickte, vergaß ich darin zu sagen, daß im Falle Sie, theuerster Freund, Ausgaben für mich zu machen hätten, Ihnen Herr F. Ch. Gasser, Rothschilds Commisionair in St. Petersburg, dieselben für meine oder Herrn Martini's Rechnung, sogleich wiedererstatten wird.

Ich rechne auf Ihre freundschaftliche Verwendung um die Florentiner Sache bald beendigt zu sehen.

Vom Timkovski haben Sie mir nur die beiden ersten Bände gesendet, dürfte ich um den letzten bitten.

Sie wollten auch so gütig sein, mir die Georgischen und Caucasischen Costume ein zu kaufen.
Vorzüglich bitte ich die Casanischen *Sapogi* nicht zu vergessen.
Mit freundschaftlicher Hochachtung Der Ihrige JH Klaproth
A Monsieur
Monsieur le Baron
P. Schilling de Canstadt
Conseiller d'Etat aux affaires étrangères
St. Petersbourg

16

Paris 24 Oct. 1825 6 Passage Sendrier
Sie erhalten anbei, theuerster Herr Baron, das erste Stück meines Asiatischen Magazins[85], das ich mit Wohlwollen aufzunehmen bitte. Die drei letzten Hefte des *[Tongwenzhi]* 同文志 welche Tibet enthalten, werden Sie wahrscheinlich in diesem Augenblick schon dank Herrn von Schroeder erhalten haben, dem Sie der Baron Merian[86] mitgegeben hat. Jetzt bin ich mit den 5 letzten beschäftiget die bald nachfolgen werden. Wie sehr würden Sie mich und die ganze

81 *Voyage à Péking, a travers la Mongolie, en 1820 et 1821, par M. G. Timkowski;* traduit du russe par M. N*******, revu par M. J.-B. Eyriès; publié avec des corrections et des notes, par M. J. Klaproth; ouvrage accompagné d'un atlas qui contient toutes les planches de l'original, et plusieurs autres inédites. Tome 1–2.Atlas. Paris: Librairie orientale de Dondey-Dupré père et fils 1827.

82 *Mémoires relatifs à l'Asie, contenant des recherches historiques, géographiques et philologiques sur les peuples de l'Orient.* Par M. J. Klaproth, membre du Conseil de la Société asiatique. Tome second, orné de trois cartes et deux autres planches. Paris: Dondey-Dupré père et fils 1826.

83 *Vocabulaire et grammaire de la langue géorgienne,* par M. J. Klaproth [...] Première partie, contenant le vocabulaire géorgien-français et français-géorgien. Paris: Dondey-Dupré père et fils 1827. 132 S.

84 *Azijatskij Vestnik,* hrsg. von Spasskij.

85 *Magasin asiatique, ou Revue géographique et historique de l'Asie centrale et septentrionale;* publié par Mr J. Klaproth, membre des Sociétés asiatiques de Paris et de Londres. Paris, à la librairie orientale de Dondey-Dupré père et fils 1835 [d.i.1825].

86 Baron Andreas Adolf von Merian (1772–1828) stand in den Diensten des russischen Außenministeriums. Die Sprachwissenschaft war sein Steckenpferd. Vgl. *Biographie universelle* (Michaud) 28 (2. Aufl., o.J.), S. 33-34 (Eyriès).

Asiatische Welt verbinden, wenn Sie mir auf einige Zeit aus Ihrer Bibliothek leihen könnten, das *[Jin Liao Yuan sanshinei yu jie]* 金遼元三史內語解. So glaube ich wenigstens ist der Titel ich würde Ihnen dafür ewig dankbar sein.

Schmidt ist, wie die Engländer sagen in einem übelen Pöckel. In den *Heidelberger Jahrbüchern* No. 62 & 63 1825[87] ist er garstig mitgenommen worden, und zwar von Schlosser, dessen Ausspruch Gewicht hat. Er hat sich hier an S. d. S[acy]. gewandt, damit derselbe sein Buch im *Journal des Savans* anzeigt. Wahrscheinlich hat er, oder [Sergej] Ouwaroff geglaubt, Sacy der nicht viel von Asiatischer Geschichte verstehe, werde da mir nichts dir nichts zu Schmidts Lobsprecher werden. Je dennoch schreibt mir S. d. S. darüber folgendes: „Je ne pense pas que quand Vous aurez connoissance de l'article que j'ai donné au *Journal des Savans*, et de ceux qui doivent suivre, vous ayez aucun motif de Vous plaindre du jugement que j'ai hazardé sur les questions literaires qui sont débattues entre Vous et Mr. Schmidt; car je Vous donne raison sur tous les points contre Votre antagoniste. Mr. Schmidt m'a fait annonce récemment qu'il préparoit une répliqué à Votre réfutation, et m'a témoigné le désir que je différasse à rendre compte de son ouvrage jusqu'à ce que cette répliqué ait vu le jour. Je n'ai pas cru devoir déférer à cette demande."

Ich bitte Sie mir Schmidts Replik sobald sie erscheint zu übersenden.
Mit dem Druck von Timkovskis Reise geht es sehr langsam. Das Buch ist schrecklich langweilig, und ich bereue es dem Verleger recommandirt zu haben, denn obgleich wir soviel als möglich abkürzen, bleiben doch lauter uninteressante Dinge in Masse stehen. Ich schicke Ihnen anbei die 11 ersten Druckbogen. Bemerken Sie den Einschiebsel pag 133 und folgende. Wenn Sie wollen zeigen Sie diese Bogen Herrn Timkovski, und bitten ihn in meinem Namen um Verzeihung, daß ich mich noch nicht schriftlich für sein Buch bedankt habe.
Ich wiederhole Ihnen meine ergebenste Bitte um Casanische Stiefeln und um die neue Charte von Sibérien. Wenn Sie mir interessante Dinge für mein Magazin[88] senden können, so rechnen Sie auf den wärmsten Dank Ihres aufrichtigen Verehrers JH Klaproth

17

[An N.N.]
Puisque Vous voulez avoir la bonté de me faire tenir differents objects de St. Petersbourg. Voilà ce que je desire.
Mr. le Baron de Schilling a eu la bonté d'acheter pour moi l'Atlas de Padichtchev. Mais il ne m'est pas parvenu entièrement.

J'ai	
Frontispice gravé	1 feuille
Nr 1 à 46	46 feuilles
– 47 a & b	2
– 48 a & b	2
– 49 & 50	2
– 51 a & b	2
– 59 a.b.c.d.e.f.	6
Total 60	

Il me manquent donc Nr. 52–58 et 60 – jusqu'à la fin. Veuillez Monsieur, prier Mr de Schilling de m'expédier le reste qui est déjà payé. Je desire qu'il y joigne la carte de la Russie ancienne de 1614, Potocki *Atlas archéologique*. Quant à la nouvelle carte de la Sibérie je l'ai reçu par une autre occasion.

Ayez la bonté de me faire acheter
1.Carte de postes de la Russie de 1824. 12 feuilles. Depot des cartes 15 Rous.

---

87   Vgl. Schlosser in *Heidelberger Jahrbücher der Literatur* 1825, 983–1001 (Rezension zu Klaproth).
88   Das *Asiatische Magazin*.

Karta Tobol'skago Namestničestva No. 16

Karta Kolyvanskago Namestničestva No 38 de l'Atlas de la Russie gravé dans les dernieres ans de l'Emp. Catherine II.[89]

On vend je crois ces cartes separement a 1 1/2 roubl. au depot

Priez Mr. Krug de me faire présent de ses ouvrages, je n'ai plus un seul.[90]

Desiderata

Müller's Geschichte von Sibérien, en Russe Drevnaja Rossijskaja Idrografija

Tout ce que Vous pouvez trouver sur l'histoire, le géographie et la langue de la Géorgie

Dans la bibliothèque de l'Hermitage se trouvant au manuscrit les ouvrages suivants, dont je voudrais bien avoir des copies. Ils ne sont pas volumineux.

Primečanija prinadležaščija k Grammatike Permskago jazyka, 4°

Slovar Jazyka Mordovskago. 4°

Vocabularium der Wogulischen und Ostiakischen Sprache nach allen ihren Dialecten. 4°

Vocabularium der Tatarischen Sprachen und Mundarten. 4°

Slovaŕ po Ruski i po Bratski. 4°

Herr v. Rothschild hat für mich durch einen Banquier den Asiatischen Boten[91] von Spaski kaufen lassen. Es hat aber derselbe die 6 letzten Hefte von 1824 nicht geschickt, mit dem Bedeuten sie wären noch nicht erschienen. Seyn Sie so gefällig sich bei Herrn Spaski erkundigen zu lassen wann diese Hefte erscheinen werden. Schilling hat Geld für mich und wird Ihnen die etwaigen Auslagen berichtigen. Sonst kann ich hier auch für Sie einkaufen, oder Ihnen das Geld für die Sachen durch Rothschild übermachen.

Mit freundlicher Hochachtung der Ihrige JH Klaproth 11.März 1826

Da Sie die Güte haben wollen mir verschiedene Gegenstände aus St. Petersburg zukommen zu lassen. Hier ist, was ich wünsche.

Herr Baron Schilling hatte die Güte, für mich den Atlas von Pjadišev zu kaufen. Aber er ist nicht vollständig zu mir gelangt. Ich habe

Frontispiz, gestochen 1 Blatt

Nr. 1–46	46 Bl.
Nr. 47 a & b	2
Nr. 48 a & b	2
Nr. 49 & 50	2
Nr. 51 a & b	2
Total	60

Es fehlen mir also Nr. 52–58 und 60 – bis zum Ende. Wollen Sie, mein Herr, Herrn Schilling bitten, mir den Rest zu senden, der bereits bezahlt ist. Ich wünsche, daß er die Karte des alten Rußland von 1614, Potocki Atlas archéologique beifüge. Was die neue Karte von Sibirien angeht, so habe ich sie durch andere Gelegenheit erhalten.

Haben Sie die Güte für mich kaufen zu lassen

1. Karte der Poststationen Rußlands von 1824. 12 Blatt. Karten-Depot. 15 Rubel.

Karte der Statthalterei Tobolsk Nr. 16

---

89   Die beiden letzteren Karten wohl aus: *Rossijskoj Atlas: iz soroka četyrech kart sostojaščij i na sorok na dva Naměstničestva Imperiju razděljajuščij*; sočin. gravir. pri Gornom Učilišče; soč. A. Vil'brecht. St. Petersburg: Gornoe Učilišče 1794. 44 Karten

90   Vgl. Cat. Klaproth 1417–1418: *Untersuchungen zur Erläuterung der älteren Geschichte Rußlands von A. C. Lehrberg.* Herausgegeben von der Kaiserlichen Akademie der Wissenschaften durch Ph. Krug. St. Petersburg 1816. XV,XXXIV,462 S., und: *Izsledovanija služaščie k ob-jasneniju drevnej russkoj istorii* A. Ch. Lerberga. St. Peterburg 1819.

91   *Azijatskij Vestnik*, hrsg. von Spasskij.

Karte der Statthalterei Kolyvan. Nr. 28 des Atlas de la Russie, gestochen in den latzten Jahren der Kais. Katharina II.

Man verkauft, wie ich glaube, diese Karten einzeln für 1 1/2 Rubel im Depot.

Desiderata

Müller's Geschichte von Sibérien, en Russe Drevnjaja Rossijskaja Idrografija[92]

Alles, was Sie finden können zur Geschichte, Geographie und Sprache Georgiens.

In der Bibliothek der Eremitage finden sich im Manuskript die folgenden Werke, von denen ich gern Kopien hätte. Sie sind nicht umfangreich.

Primečanija prinadležaščija k Grammatike Permskago jazyka, 4°

Slovař Jazyka Mordovskago. 4°

Vocabularium der Wogulischen und Ostiakischen Sprache nach allen ihren Dialecten. 4°

Vocabularium der Tatarischen Sprachen und Mundarten. 4°

Slovař po Russki i po Bratski. 4°

Herr v. Rothschild hat für mich durch einen Banquier den Asiatischen Boten[93] von Spaski kaufen lassen. Es hat aber derselbe die 6 letzten Hefte von 1824 nicht geschickt, mit dem Bedeuten sie wären noch nicht erschienen. Seyn Sie so gefällig sich bei Herrn Spaski erkundigen zu lassen wann diese Hefte erscheinen werden. Schilling hat Geld für mich und wird Ihnen die etwaigen Auslagen berichtigen. Sonst kann ich hier auch für Sie einkaufen, oder Ihnen das Geld für die Sachen durch Rothschild übermachen.

Mit freundlicher Hochachtung der Ihrige JH Klaproth 11.März 1826

18

Paris d. 13 August 1826 5 Rue d'Amboise

Verehrtester Herr Baron!

Ich fange damit an Ihnen meinen besten Dank für die vier übersendeten Blätter des Atlasses von Rußland abzustatten, die ich durch Herrn Baron von Merian erhalten habe. Es hat mir derselbe auch Ihren Brief vom 30 Julius mitgetheilt, und ich habe ihm die fünf Hefte des *Tung wen tschi* nebst Enveloppe, die noch in meinen Händen waren, übermacht. Ich muß Ihnen aufrichtig gestehen, daß mir der Inhalt jenes Briefes sehr nahe gegangen ist. Ich hatte mir geschmeichelt, während Ihres Aufenthaltes in Paris Ihre Freundschaft gewonnen zu haben; allein ich sehe, daß ich mich geirrt. Wenn ich die Hefte des *Tung wen tschi* länger behalten habe, als Sie es erlaubt hatten und wünschen konnten, so ist der einzige Grund der gewesen, daß ich das Werk ganz übersetzt habe.[94] Ihrem Eifer für die Verbreitung nützlicher Kenntnisse und besonders der Ost-Asiatischen Litteratur vertrauend, habe ich es gewagt Ihrem Willen zu wider zu handeln, denn ich glaube, daß Sie überzeugt sein werden, daß dieses Material in meinen Händen Nutzen bringen wird. Hätte ich Ihnen ein Chinesisches Werk geliehen, dessen

---

92　*Drevnjaja rossijskaja idrografija*, soderžaščaja opisanie Moskovskago gosudarstva rek, protokov, ozer, kladjazej, i kakie po nich gorody i uročišča i na kakom onyja razstojanii. Izdannaja Nikolaem Novikovym. St. Petersburg: Akademie 1773. 233 S.

93　*Azijatskij Vestnik*, hrsg. von Spasskij.

94　Vgl. Cat. Klaproth: *Qinding Xiyu tongwenzhi* 欽定西域同文志 Recueil des noms des contrées occidentales, en chinois, mandchou, mongol, œlet, tibétain et turc, publié par ordre de l'empereur. 24 livres extraits et traduits en allemand, avec des observations, par M. Klaproth. Manuscrit autographe et inédit d'une exécution très soignée. In-fol., dem.-rel., m.bl. Les conquêtes des empereurs tartares avaient reculé les limites de l'empire jusqu'en des contrées dont les noms étrangers ne pouvaient, sans de notables altérations, s'exprimer en caractères chinois. Pour obvier aux nombreux inconveniens qui résultaient d'une mode de transcription arbitraire et souvent méconnaissable, et qui se faisaient chaque jour sentir davantage, Khian loung, en 1763, chargea plusieurs savans de réunir toutes les dénominations géographiques du Tibet, de la Petite Boukarie, etc. etc. ainsi que les noms des personnages marquans, des chefs et des magistrats de ces pays, de donner la traduction de ces différentes dénominations et de les transcrire dans les caractères des six langues indiquées plus haut. Tel est l'ouvrage que M. Klaproth avait traduit ou extrait pour ses recherches particulières de géographie et d'histoire, et qui, par les observations qu'il y a ajoutées, est devenu un travail du plus grand intérêt. (BN: FM 286)

Sie zu Ihren Arbeiten bedürften, ich würde es nie mit so großem Ungestüm zurückgefordert haben. Glauben Sie übrigens nicht, daß Ihr Brief die Hochachtung und Zuneigung die ich gegen Sie hege im mindesten geschmälert hat; ich werde mich im Gegentheile bemühen, Ihnen so viel wie möglich Beweise davon zu geben, und hoffe auch daß Sie Ihrer Seits mir Ihre frühere Gewogenheit schenken werden. Dabei muß ich bemerken, daß ich Ihnen einige male, durch Herrn Baron von Merian, geschrieben habe, ich kann also nicht begreifen, wie Ihnen meine Briefe nicht zu Händen gekommen seyn sollten. Daß Sie seit langer Zeit keinen Brief an Sie gesendet habe [!], hat seinen Grund darin, weil ich Ihnen mit dem *Tung wen tschi* meine Entschuldigungen es so lange behalten zu haben, zu kommen lassen wollte. Sie werden mit diesem Briefe zugleich verschiedene andere Producte der Asiatischen Litteratur erhalten, und wahrscheinlich noch einen Brief von mir. Dieser geht an Sie um Sie zu beruhigen mit der Post ab. Herr Abel Rémusat, wartet mit Schmerzen auf eine Antwort von Ihnen.

Mit freundschaftlicher Hochachtung und Ergebenheit Der Ihrige JH Klaproth

19

Paris d 25 Aug. 1826
5 Rue d'Amboise

Sie erhalten anbei, theuerster Herr Baron, ein neues Stück des Asiatischen Journal[95], sowie auch das für Herrn Prof. Fraehn. Nur mit Mühe habe ich es dahin bringen können, daß die Sendung des letzteren so wie die der Schmidtschen[96] Exemplare, unterdrückt worden ist. Sie wissen daß die As. Gesellschaft nur 200 Ex. vom Journal erhält, und diejenigen, welche sie über diese Zahl braucht, bezahlen muß. Da nun an 200 Mitglieder sind, so hat sich die Commission des Journals genöthigt gesehen, die mehrsten, bisher gratis gegebenen, zu unterdrücken.

Ich lege auch das 2te Heft meines Magazins[97] bei. Ferner habe ich für Sie das Essay sur le Pali[98] für 6 fr. gekauft, weil ich glaubte es würde Sie interressiren. Die Supplemente zur Japanischen Grammatik[99] und den 2ten Band meiner Memoires, der sich im Umschlage des Tung wen tschi[100] findet, bitte ich von mir geneigt [!] anzunehmen. Das dritte Heft des Magazins[101] wird in 8 Tagen fertig werden. Es enthält einen Theil der Beschreibung von Tubet, die ich aus dem Chinesischen übersetzt habe. Die Tableaux[102] sind fertig, aber die Charten noch nicht alle illuminirt. Meine Reise nach London
[Hier fehlt offenbar eine Seite im Original]

95   *Journal asiatique*, das offizielle Organ der Société asiatique. Paris 1822–

96   Isaak Jakob Schmidt (Amsterdam 14. Okt. 1779–8. Sept. 1847 St. Petersburg), begann seine Laufbahn als Kaufmann in der Herrnhuter-Siedlung Sarepta an der Wolga, wo er Kalmükisch lernte. Das ermöglichte ihm später, die Bibel ins Kalmükische wie auch ins Ostmongolische zu übersetzen. Er begründete die Mongolistik in Europa und trug viel zur Begründung der Tibetologie bei. Vgl. H. Walravens: *Isaak Jakob Schmidt (1779–1847). Leben und Werk des Pioniers der mongolischen und tibetischen Studien. Eine Dokumentation*. Wiesbaden: Harrassowitz 2005. 180 S. (Abhandlungen für die Kunde des Morgenlandes 56,1.)

97   Klaproth: *Magasin asiatique ou revue géographique et historique de l'Asie centrale et septentrionale*. T.1. Paris: Libr. Orientale de Dondey-Dupré, 1825/26.

98   Eugène Burnouf, Christian Lassen: *Essai sur le Pali, ou Langue sacrée de la presqu'île au dela du Gange*; avec six planches lithographiées. Paris: Dondey-Dupré 1826. 222 S.

99   *Supplément à la grammaire japonaise du P. Rodriguez, ou Remarques additonnelles sur quelques points du système grammatical des Japonais, tirée de la grammaire composée en espagnol par le P. Oyanguren*, et traduites par M. C. Landresse. Paris: Dondey-Dupré 1826. 31 S.

100   御製西域同文志, das geographische Lexikon der Wstländer, s.o.; diese Identifikation wird bestätigt durch die Quittung für dieses Werk; vgl. H. Walravens: *Julius Klaproth – Briefwechsel mit Gelehrten*. Wiesbaden: Harrassowitz 2002, 20.

101   Klaproth: *Magasin asiatique ...* T. 2. 1826, 209–307: Description du Si Dzang ou Tubet, d'après la grande géographie impériale de la Chine et le Dictionnaire de l'Asie centrale, publié à Peking, en 1775.

102   Klaproth: *Tableaux historiques de l'Asie, depuis la monarchie de Cyrus jusq'a nos jours*; précedés de recherches historiques et ethnographiques sur cette partie du monde. Atlas. [Gewidmet] Guillaume et Alexandre de Humboldt. Paris, Londres, Stuttgard 1826. 27 fol.

MÉMOIRES
RELATIFS A L'ASIE,

CONTENANT

DES RECHERCHES HISTORIQUES, GÉOGRAPHIQUES ET PHILOLO-
GIQUES SUR LES PEUPLES DE L'ORIENT;

PAR M. J. KLAPROTH,

Membre du Conseil de la Société Asiatique de Paris.

TOME PREMIER,

ORNÉ D'UNE CARTE DE L'ARCHIPEL POTOCKI, ET DE TROIS AUTRES PLANCHES.

PARIS,

A LA LIBRAIRIE ORIENTALE DE DONDEY-DUPRÉ PÈRE ET FILS,
Imp.-Lib. de la Société Asiatique de Paris,
Et Libraires de la Société Royale Asiatique de la Grande-Bretagne et d'Irlande sur le Continent,
RUE SAINT-LOUIS, Nº 46, AU MARAIS, ET RUE RICHELIEU, Nº 67.

M DCCC XXVI.

A Monsieur le Baron

Paul Schilling de Canstadt,

CONSEILLER D'ÉTAT DE S. M. L'EMPEREUR DE TOUTES LES RUSSIES,

CHEVALIER DE PLUSIEURS ORDRES , etc. , etc., etc.

HOMMAGE

DE L'ESTIME ET DE L'AMITIÉ

DE L'AUTEUR.

ein Geschwür am Schenkel, das mich 2 Monate am Sitzen hinderte und das Ausziehen (weil da wo ich wohnte gebaut werden soll) haben mich in meinen Arbeiten sehr aufgehalten.

Ich wiederhole Ihnen meine Entschuldigungen, daß ich das Thung wen tschi[103] länger behalten habe als Sie es wünschten. Ich habe es ganz übersetzt. Meine Übersetzung enthält über 200 Folio-Seiten. Wenn Sie nicht mehr böse sind, so bitte ich Sie, meinem gehorsamsten Ansuchen Gehör zu geben, und mir auf 3 oder 4 Monate das [*Jin Liao Yuan guo sanshi yujie*] 解語史三國元遼金 (so ist der Titel, wenn ich nicht irre) zu leihen. Da ich einmal mir die Mühe gegeben das Thung wen tschi zu übersetzen, so würde mir es sehr angenehm seyn auch dieses Werk zu vergleichen. Es würde mir bei der Herausgabe meiner Charten, und dem dazu gehörigen Texte von großem Nutzen seyn. Ich verspreche Ihnen es nicht länger als 4 Monate zu behalten. Thun Sie mir die Freundschaft es zu schicken. Sie wissen daß ich Ihre Güte bei jeder Gelegenheit, mit Dank, öffentlich anerkenne.

Von Rémusats Chinesischen Roman[104] wird der zweite Band jetzt gedruckt.

---

103   同文志, s.o.

104   *Iu-kiao-li, ou Les deux cousines*; roman chinois, traduit par M. Abel-Rémusat; précédé d'une préface où se trouve un parallèle des romans de la Chine et de ceux de l'Europe. Tome 1–4. Paris: Moutardier 1826. 12° 1: 256 S.; 2: 172 S.; 3: 196 S.; 4: 239 S.

Hat man noch keine Aussicht den Archimandriten[105] aus dem Kerker zu ziehen? Ich finde, daß die von Timkowski mitgetheilten[106], und von jenem übersetzten Stücke, viele Mißgriffe enthalten, die ich bei der Französischen Ausgabe[107] zu bemerken, genöthigt gewesen bin. Wenn er ins Künftige etwas herausgiebt, so wird es wohlgethan sein, die Stücke vorher noch einmal mit dem Texte zu vergleichen, und sie verständigen Leuten zu communiziren, damit er nicht wieder Datteln in der kleinen Bucharei wachsen lasse, und nicht sage, die Bucharen hätten keinen ersten Tag im ersten Monate.

Wenn Sie mir einige von den, an Herrn v. Turgeneff[108] gegebenen, Georgischen Desideratis verschaffen können, werden Sie mich sehr verbinden. Darf ich auch an die Beschreibung von Peking, und ans Supplement zum Mandshu Lexicon[109] für mich erinnern? – Was haben Sie für Florenz ausrichten können?[110]

In der Hoffnung einer baldigen gütigen Antwort verharre ich mit freundschaftlicher Hochachtung

Ihr gehorsamster Diener

JHKlaproth

Ich beschwöre Sie, mir umgehend ein oder 2. Exemplare des Tatarischen Abulghasi zu schicken, der längst fertig ist.[111]

20

Paris d 11 Febr 1827

Verehrter Herr Baron

Ich sehe deutlich ein daß die einzige Art Ihnen Briefe sicher zukommen zu lassen, die ist sie durch die Post zu schicken; ich wähle sie also auf die Gefahr hin Ihnen dadurch Unkosten zu verursachen. Vors erste meinen besten Dank für die übersendeten Charten von Paditschew, die den Atlas wie ich glaube bis auf die Generalcharte completiren.

Der Baron v. Merian sagt mir Sie beklagten sich von mir gar nichts zu erhalten, und den Rest des *Thung wen tschi* noch nicht erhalten zu haben. Ich wiederhole Ihnen was ich die Ehre gehabt habe Ihnen bereits durch die Post zu schreiben, daß ich das Paquet mit den übrigen Heftes dieses

---

105 Iakinf (weltlich: Nikita Jakovlevič Bičurin) (27. Aug. 1770–11. Mai 1853). Der Mönch war Leiter der IX. Russischen Geistlichen Mission in Peking wurde aber von dieser Position wegen seines unangemessenen, zu weltlichen Lebensstils abgelöst und in Verbannung geschickt. Er erwies sich jedoch auf Grund seiner Arbeiten als Rußlands damals bedeutender Sinologe und aus der Verbannung entlassen. Er wurde Schillings Assistent, als dieser auf eine längere Dienstreise an die chinesische Grenze geschickt wurde. Vgl. H. Walravens: *Iakinf Bičurin, russischer Mönch und Sinologe. Eine Biobibliographie.* Berlin: Bell 1988. 70 S. 4° (Han-pao tung-Ya shu-chi mu-lu 34.)

106 In: Egor Fedorovič Timkovskij: *Putešestvie v Kitaj črez Mongoliju v 1820 i 1821 gg.* St. Petersburg: Ministerstvo Vnutrennych Del 1824. 3 vols. – Timkovskij (Gvt. Poltava 23. Mai 1790–9. Febr. 1875), Beamter der Straßenbau-Abteilung; er begleitete 1820 die Russische Geistliche Mission nach Peking und führte das abgelöste Personal nach Rußland zurück. Nach seiner Rückkehr wurde er Abteilungsleiter im Außenministerium, und 1830–1836 diente er als Konsul in Moldavien. Offenbar ist es seiner starken Unterstützung zuzuschreiben, daß der Mönch Iakinf aus der Verbannung entlassen und in die Lage versetzt wurde, seine gelehrten Arbeiten wieder aufzunehmen. Vgl. N. C. Munkuev: Timkovskij, Egor Fedorovič. Chronos (http://www.hrono.ru/biograf/bio_t/timkovskiegfe.php); K. A. Skačkov: Ešče o pokojnom Timkovskom. *Moskovskie vedomosti* 1875, 14. März, Nr. 66.

107 Egor Fedorovič Timkovskij: *Voyage à Peking, à travers la Mongolie, en 1820 et 1821.* Ouvrage accompagné d'un atlas qui contient toutes les planches de l'original, et plusieurs autres inédites. Paris: Dondey-Dupré 1827.

108 Vermutlich Aleksandr Ivanovič Turgenev, 7. Apr. 1784–15. Dez. 1845 Moskau, Ministerialbeamter und Historiker. Nach seinem Studium betrat er die Beamtenlaufbahn, verkehrte aber viel mit Literaten (so war er ein enger Freund Puschkins) und stellte sich in Gegensatz zum Regime Zar Alexander I., der ihn 1824 aller Ämter enthob. Nach 1825 lebte er meist im Ausland. Von Zar Nikolaus I. wurde er mit der Sammlung von Materialien zur Geschichte Rußlands beauftragt. Vgl. Brokgauz/Efron 34.1901, 96.

109 Wahrscheinlich das *Nonggime toktobuha Manju gisun-i buleku bithe. 1772, niyeceme banjibun.*

110 Es wird nicht erläutert, was Schillings Pläne in Florenz waren. Aus den Klaproth-Briefen im Bestand des Akademie-Archivs ist es offensichtlich, daß Klaproth ihn gebeten hatte, etwas für ihn zu besorgen, vermutlich eine Recherche in der Biblioteca Magliabechiana.

111 Abu'l-Ghāzī Bahādur Khān, Chiwa, Chan, 1603–1663: *Historia Mongolorum et Tatarorum.* Hrsg. von Christian Martin Fraehn. Casani: Univ. 1825. IX, 209 S.

Buches, nebst pappenem Umschläge, den ich mit dem 2ten Band meiner Mémoires[112] und anderen Drucksachen vollgepackt, vor dem 21 August an Herrn v. Merian wohl eingepackt übergeben habe, und dafür eine Quittung erhalten habe. Das Asiatische Journal für Sie, ist ebenfalls selbst vor dem Erscheinen dieser Stücke im Publico alle Monate an H. v. Merian abgegeben und von ihm abgesendet worden, ebenso das *Asiatische Magazin* und die Druckbogen der Reisen von Timkovski. [Beischrift:] Essai sur le Pali. – Ich war gestern bei Herrn v. Merian, er kann das Nichtankommen aller dieser Paquete nicht anders erklären, als daß sie alle auf der Russischen Gesandtschaft liegen geblieben sind. Dies ist nun nicht meine Sache, er hat deshalb an Schröder geschrieben, erwartet die Antwort und wird Ihnen seinerseits Bericht abstatten.

Sie können mir also jetzt gar keinen Vorwurf machen. Ich habe auf Ihr Verlangen die Sachen an Herrn v. Merian abgeliefert, er hat sie an Pozzo di Borgo[113] gesendet, und für alle Paquete Quittungen in seinem Buche. Sie können sich also nur über das unordentliche Abschicken der Gesandtschaft beklagen, keineswegs über ihn und mich.

Als Remusats Roman[114] erschien, fragte ich ihn ob er mir ein Exemplar für Sie geben wolle, und erhielt darauf die Antwort Non, je n'en ai pas. Da ich nicht wußte ob Sie das Werk in Petersburg kaufen würden, so habe ich es nicht für Sie gekauft. Wäre dieses aber auch der Fall gewesen, so würde es doch noch nicht, wie alles übrige in Ihren Händen seyn. Sobald in dessen Merian die Sache mit den übrigen Paqueten ins Klare gebracht hat, werde ich Ihnen auch den Roman übersenden, von dem nicht weiß ob er auf Violenpapier existirt.

Ich freue mich sehr daß der Archimandrit[115] befreyt ist und durch [....] seine Materialien besser durchsieht, als [...]ben hat. Besonders hüte er sich, dem *[Yüan guo yujie]*[116] ... Glauben beizumessen. Ich kenne das Werk nur aus Auszügen, die voll der albernsten Etymologien sind, weil die Verfasser nur Mongolisch aber nicht Türkisch verstanden. Auch das *Thung wen tschi* ist voller der gröbsten Irrthumer in den Türkischen und auch zum Theil in den Tubetischen Namen. Alle diese Fehler sind in die neue Ausgabe des *[Da Qing yi tong zhi]* aufgenommen worden; man muß sie daher stets mit der alten vergleichen um nicht irre geleitet zu werden.

Die Chinesische Litteratur steht in Europa auf der Stuffe daß es nicht mehr erlaubt ist Irrthümer zu begehen und zu entschuldigen. Sie, der Sie die mathematische Genauigkeit in Allem lieben, haben also gewissermaßen die Verpflichtung darauf in Ihrem Sprengel zu sehen, daß alles was über China erscheint, aufs Vollkommenste und Beste erscheine, und ich zweifle nicht, daß Sie die Pflicht gewissenhaft erfüllen werden.

Wenn Sie meine Vorrede zu Timkovski lesen so glauben Sie nicht ich hätte das, was die von T[imkovskij]. bekannt gemachten Auszüge Hyacinths betrifft, aus Feindschaft gegen ihn gesagt.[117] Es ist einzig und allein geschehen um die Leute zu warnen, sich nicht der Deutschen

---

112   Der erste Band war übrigens Schilling gewidmet: A Monsieur le Baron Paul Schilling de Canstadt, Conseiller d'état de S.M. l'empereur de toutes les Russies, chevalier de plusieurs ordres, etc.etc.etc. hommage de l'estime et de l'amitie de l'auteur.

113   Carlo Andrea Pozzo di Borgo (1764–1842) aus korsischer Familie, 1826 Graf; General und Diplomat, russischer Botschafter in Paris (1814–1835) und später London (1835-1839). Vgl. Michaud: *Biographie universelle* 34, S.265– 271; *Magazin für die Literatur des Auslandes* 1843,469–470, 474–475, 479–480, 482–483.

114   *Iu-kiao-li, ou Les deux cousines; roman chinois*, traduit par M. Abel-Rémusat; précédé d'une préface où se trouve un parallèle des romans de la Chine et de ceux de l'Europe...1-4. Paris: Moutardier 1826. 12°

115   Vgl. H. Walravens: *Iakinf Bičurin, russischer Mönch und Sinologe.* Eine Biobibliographie. Berlin: Bell 1988. (Hanpao tung-Ya shu-chi mu-lu.34.)

116   Das vorgenannte *Jin Liao Yuan guo sanshinei yujie.*

117   S. V–VI: Der Autor hat viel Gebrauch gemacht von Auszügen und Übersetzungen aus dem Chinesischen, die ihm vom Archimandriten Iakinf Bičurin, den er aus Peking zurückgebracht hat, mitgeteilt wurden. Aber die Wahrheit zwingt uns zu sagen, daß dieser Mönch an seine Arbeit nicht mit all der Sorgfalt herangegangen ist, die sie verdiente. Beim Vergleich der Übersetzungen des P. Iakinf mit den chinesischen Originaltexten hat Herr Klaproth darin gravierende Ungenauigkeiten bemerkt. Er mußte daher alle diese Stellen berichtigen, damit der Leser nicht in der Wissenschaft so schädliche Irrtümer verfalle, die dann als Garantie ein Buch hätten, das sich auf Auszüge aus chinesischen Werken stützte. Die *Große Kaiserliche Geographie von China* [Da Qing yitong zhi] hat Herrn Klaproth die Möglichkeit gegeben, aus der französischen Übersetzung alle die Fehler zu eliminieren, die das russische Original verunstalten.

Übersetzung[118] zu bedienen, welche alle Mängel des Russischen Originals enthält, die ich so viel als möglich zu verbessern gesucht habe.

Schließlich noch meinen Dank für das Paquet von Frähn, enthaltend Abulghazi.[119] Seyn Sie so gefällig ihm meinen lebhaftesten Dank dafür abzustatten, und ihn herzlich zu grüßen. Übrigens zeigt dieses Paquet daß man in St. P[etersburg]. auf dem Departement nicht prompter im Absenden ist als hier. Es war von August und kam hier im Januar an.

Gulianoff hat eine wichtige Entdeckung über die Hieroglyphen gemacht[120], die ich jetzt publizire. Sie werden davon mit nächstem ein Exemplar erhalten. Die Akademie in St. Petersburg hat ihrer Gewohnheit nach wieder einen prächtigen dummen Streich gemacht, Rémusat und Champollion an demselben Tage zu wählen. Einen Gelehrten und einen ignoranten Charlatan! – Gulianoffs Entdeckungen vernichten Champollion, und alles was außer der Cartouche von ihm gelesen wird als Lüge und Fabel an den Pranger gestellt werden.

Und somit theurster Freund leben Sie wohl und hören endlich auf ungerecht zu seyn gegen Ihren aufrichtigen JH Klaproth

Und Florence?

Mit nächstem ein neues Stück des *Magazin Asiatique.* Haben Sie die Cochinchinesische Müntze *[Jialong tongbao]* 嘉隆通寶 und auf der Rückseite 七分 *[qi fen].* Ich kann Ihnen eine verschaffen?

[Text teils überklebt durch gedruckte Notiz]

M. Klaproth vient de remplacer feu M. Malte-Brun dans la rédaction des Annales des Voyages, publiées par MM. Eyriès et Larenaudière. Ce recueil périodique ne peut que gagner par la coopération d'un savant qui la connaissance de la littérature et de la géographie est si familière.

K Inostrannoj kollegii Baronu Šillingu A Monsieur
Monsieur le Baron P. Schilling de Canstadt Aux affaires étrangères St. Petersbourg

21 Baron Merian an Schilling
Parfaitement étranger aux trois de livres, ou autres arrangements réciproques qui peuvent avoir eu lieu entre vous, Monsieur le Baron, et M. Klaproth, j'ai dû me borner à lui lire votre lettre, Elle n'a pu que le peiner. J'ai l'honneur de vous faire parvenir sa réponse; et je profiterai du premier Courier Imp^le pour vous envoyer le reste du *Toun[g] ven tchi,* que M. K. vient de déposer chez moi.

Recevez l'assurance rendoublée de ma considération très distinguée M[erian]

In völliger Unkenntnis von drei der Bücher oder anderen gegenseitigen Abmachungen zwischen Ihnen, Herr Baron und Herrn Klaproth bestanden haben konnten, mußte ich mich darauf beschränken, ihm Ihren Brief vorzulesen; er konnte ihm nur Kummer bereiten. Ich habe die Ehre, Ihnen seine Antwort zukommen zu lassen; und ich werde den ersten Kaiserl. Kurier

---

118 [Egor Timkovskij:] *Reise nach China durch die Mongoley in den Jahren 1820 und 1821* von Georg Timkovski. Aus dem Russischen übersetzt von M. J. A. E. Schmidt. 3 Bde. Leipzig: G. Fleischer 1825.

119 Abulghazi (1605–1665): *Historia Mongolorum et Tartarorum.* Kasan 1825.

120 Ivan Aleksandrovič Gul'janov (Jules Gulianov) (1786–1841), russischer Orientalist, Mitglied der Akademie der Wissenschaften zu St. Petersburg. Hauptwerke: *Discours sur l'étude fondamentale des langues.* Paris 1822. Système hiéroglyphique des anciens Egyptiens. *Paris 1824 (unter dem* Pseud.: Th. Ausonioli). *Essai sur les hiéroglyphes d'Horapollon et quelques mots sur la Cabale.* Paris: Dufart 1827. *Vgl. NBG* 21.1857, 419 (Pce. A. G-n.) Klaproth besaß von ihm u.a. *Archéologie égyptienne, ou recherche sur les signes et le langage hiéroglyphique, suivies d'un essai sur les origines de la langue copte,* par M. J. A. de Goulianof. Dresde: Walther 1833. (Nr 1332). – *Vgl. Lettre sur la découverte des hiéroglyphes acrologiques,* adressée à M. le chevalier de Goulianoff, membre de l'Académie russe. Par M. J. Klaproth. Paris: J. S. Merlin, quai des Augustins, no. 7. 1827. 43 S.; *Archéologie égyptienne, ou recherches sur l'expression des signes hiéroglyphiques et sur les éléments de la langue sacrée des Egyptiens.* 1–3. Leipsic, Dresde 1839. Vgl. A. M. Kulikova: *Gul'janov i ego naudno-literaturnye svjazi. Formirovanie gumanističeskich tradicij otečestvennogo vostokovedenija (do 1917 goda).* Moskva: Nauka 1984, 145–169.

nutzen, um Ihnen den Rest des Tongwenzhi, den H. K. bei mir hinterlassen hat, zukommen zu lassen.

Empfangen Sie die verdoppelte Versicherung meiner ausgezeichnetsten Hochachtung

Merian

22

Paris d. 11 Sep. 1827

5 Rue d'Amboise

Ich erfahre so eben daß heute ein Russischer Courier nach St. Petersburg abgeht, und benutze diese Gelegenheit mich wieder bei Ihnen in Erinnerung zu bringen. Weder ich, Remusat und andere Ihrer hiesigen Freunde begreifen Ihr vollkommenes Stillschweigen. Wäre ich der einzige dem Sie nicht schrieben, so würde ich glauben, Sie wären noch böse, wegen des zu späten Empfangs des Thung wen tschi, da aber niemand von Ihnen eine Sylbe erhält, so kann ich dieser Meinung nicht seyn. Da die Erfahrung gelehrt hat, daß die Paquete für Sie auf der hiesigen Gesandtschaft liegen bleiben, so weiß ich jetzt kein Mittel Ihnen etwas sicher zu übersenden. Es ist auch nichts erschienen was Interesse für Sie haben könnte. Remusats Roman werden Sie durch Baron Merian[121] erhalten haben, und ich hoffe auch meine beiden Lettres sur les hieroglyphes.[122] Von Neuigkeiten kann ich Ihnen nichts melden, als daß die Asiatische Gesellschaft Dondey Dupre abgesetzt hat, und das Journal Asiatique, vom 1. Januar an unter dem Namen Nouveau Journal Asiatique zu erscheinen und in der Königlichen Asiatischen [!] Druckerey gedruckt werden wird. Wir haben dabei einen schweren Kampf gegen den immer halsstarriger werdenden S. de Sacy[123] auszustehen gehabt, aber mit einer Majorität von 2/3 gegen 1/3 den Sieg davon getragen. Das Asiatische Journal hat nur einen jährlichen Fond von 2000 fr. der angewendet werden kann um nützliche Arbeiten zu machen, statt daß wir früher an D. D. den Druck zur Hälfte bezahlten und ihm 3/4 der Ausgabe gratis überließen.

Ich lasse jetzt den 3ten Band meiner Memoires[124] drucken, fertig davon sind 9 Bogen, enthalten Lettres sur la litterature mandchoue, Description du Baikal und den Anfang von Fr. Petrarchas *Vocabularium Latino-Persico-Comanicum*, das im Ganzen 7 Bogen einnimmt.[125] Seyn Sie so gefällig dieß an Krug[126] und Frähn zu sagen, denen es interessant seyn wird.

Eine große Charte vom Chinesischen Reiche, wird wahrscheinlich im May des künftigen Jahres fertig seyn. Ich lasse auch eine große Charte vom eigentlichen China in 6 Blättern vom größten Formate stechen, auf der der Grad an 3 Zoll Länge hat, fast in derselben Größe wie Ihre

121   Andreas Adolf von Merian (Basel 4. Juli 1772–25. April 1828 Batignolles), österreichischer Diplomat, seit 1812 Staatsrat in Russischen Diensten; sein besonderes Interesse war vergleichende Linguistik. Sein Freund Klaproth gab seine *Tripartitum seu de analogia linguarum libellus* (Paris 1820) und *Principes de l'étude comparative des langues* (Paris 1828) heraus. Während der letzten Jahre seines Lebens war Merian als diplomatischer Agent zur Erhebung von Kontributionen in Paris tätig. Vgl. Eduard His: *Basler Gelehrte des 19. Jahrhunderts*. Basel: Schwabe 1941. 432 S.

122   *Lettre sur la découverte des hiéroglyphes acrologiques, adressée à M. le chevalier de Goulianoff, membre de l'Académie russe*. Par M. J. Klaproth. Paris: J. S. Merlin 1827. 43 S. – *Seconde lettre sur les hiéroglyphes, adressée à M. de S******. Par M. J. Klaproth. Paris: J. S. Merlin 1827. 45 S.

123   Antoine Isaac Silvestre de Sacy (Paris 21. Sept. 1758–21. Febr. 1838 Paris), Professor des Persischen am Collège de France, Kustos der orientalischen Handschriften an der Kaiserlichen Bibliothek, Mitglied des Instituts. Vgl. Hartwig Derenbourg: Silvestre de Sacy. Une esquisse biographique. *Internationale Zeitschrift für allgemeine Sprachwissenschaft* 3.1887, I–XXVIII.

124   *Mémoires relatifs à l'Asie, contenant des recherches historiques, géographiques et philologiques sur les peuples de l'Orient*; par M. J. Klaproth, membre du Conseil de la Société asiatique de Paris. Tome troisième. Paris: Dondey-Dupré 1828. 517 S.

125   Lettres sur la littérature mandchoue. pp. 1–88; revised republication of *Lettres sur la littérature Mandchou, traduites du russe de M. Afanasii Larionowitch Leontiew*. Paris: l'imprimerie de Fain 1815. III, 75 S. Sondertitel: Grande exécution d'automne. No. II. Langlès. – S. 89–108 Description du Lac Baikal. – S. 113–256 Vocabulaire latin, persan et coman, de la Bibliothèque de Francesco Petrarcha.

126   Johann Philipp Krug (Halle 29. Jan. 1764–4. Juni 1844 St. Petersburg), Historiker, Mitglied der Akademie der Wissenschaften in St. Petersburg 1807; 1817 Hauptbibliothekar der Akademie. *Russkij biografičeskij slovar* 9.1903, 451–454.

große Chinesische Charte, von der ich eine neue Edition besitze. Ich hoffe vielleicht in einer jetzt für mich in London angekommenen Kiste Chinesischer Bücher das 彙字草[127] zu finden, das ich für Sie in Canton bestellt habe. Die Bücher müssen im Laufe dieser Woche anlangen und ich werde es, wenn es dabei ist, Ihnen mit nächster sichern Gelegenheit übersenden; erinnere Sie dabei aber auch dabei an Ihr Versprechen mir ein Exemplar der Supplemente zum mandshuischen Wörterbuche[128] zu verschaffen.
Mit vorzüglicher Hochachtung habe ich die Ehre zu seyn
Ihr ganz ergebenster und dienstwilligster Diener
JHKlaproth

23

Klaproth a l'honneur de présenter ses civilités à Monsieur le Baron Schilling de Canstadt, et de lui envoyer les epreuves d'un article sur le Dictionnaire tubetain imprimé à Serampore.[129] Il ne sait plus à quoi attribuer le long silence de Mr. de Schilling. Il le prie cependant de bien vouloir lui renseigner par quelle voie il doit lui envoyer, dorénavant, le journal Asiatique, Mr. le Baron de Merian étant mort. – Paris ce 24 Mai 1828.

Klaproth hat die Ehre, Herrn Baron Schilling von Canstadt seine Grüße zu senden und ihm die Fahnen eines Artikel über das *Dictionnaire tubetain imprimé à Serampore* zu schicken. Er weiß nicht, wem das lange Schweigen des Herrn Schilling zuzuschreiben ist. Er bittet ihn indessen, ihm anzuzeigen, auf welchem Wege ihm das Journal asiatique künftig gesandt werden soll. Herr Baron von Merian ist verstorben. Paris, 24. Mai 1828.

24

Reçu par Monsieur Saltikoff[130] la somme de trente francs, pour compte de Mr. le Baron de Schilling à St. Petersbourg. 30 francs JH Klaproth

Empfangen durch Herrn Saltikov die Summe von 30 Franc, auf Rechnung von Herrn Baron Schilling in St. Petersburg. 30 Franc. JH Klaproth

25

Ich hatte total vergessen, daß ich heute um 12 Uhr ein Rendezvous hatte; kann deshalb nicht zu Ihnen kommen. Wir sehen uns aber beim *[chang shou]*長手.
Tout à Vous Kl.
A Monsieur
Monsieur le Baron de Schilling 62. Rue de Richelieu
[Auf dem Umschlag tibetische Schreibübungen: sgyur-myu; sgyur-ma byad; sbyud]

26

Il m'est impossible, mon cher Baron, d'aller aujourd'hui avec Vous chez Salé. Je suis encombré de travail et je ne peux pas songer. Vous etez sur de le trouver, ainsi je Vous prie d'aller sans moi. Faisez Vous montrer un papier monnaie et ses dessein chinois au trait.
On n'a rien acheté pour Vous le jeu des chassants a été pouplé [?] à 50 fr. On a vendu les

---

127   *Caozi hui*, ein Lexikon der chinesischen Konzeptschrift.

128   Wahrscheinlich: *Han-i araha Nonggime toktobuha Manju gisun-i buleku bithe.* Yuzhi zengding Qingwenjian 御製增訂清文鑑. 1772, niyeceme banjibun. 4 Hefte. Vgl. H. Walravens: *Mandschurische Handschriften und Drucke im Bestand der Staatsbibliothek zu Berlin.* Stuttgart: Steiner 2014, Nr. 15.

129   *A dictionary of the Bhotanta or Bhoutan language,* printed from a manuscript copy made by the late F. Ch. G. Schroeter, edited by J. Marshman; to which is prefixed a grammar of the Bhotanta language, by F. Ch. G. Schroeter, edited by E. Carey. Serampore 1826. 111,35,6,475 S. 4°

130   Wohl ein Beamter der russischen Gesandtschaft.

dominos pour 12 frs., parceque Vous avez dit que Vous n'en voulez pas sans l'autre. Venez Vous diner? Mardi matin.

Tout-à-Vous

Kl.

A Monsieur

Monsieur le Baron de Schilling 62 Rue de Richelieu

Es ist mir unmöglich, mein lieber Baron, heute mit Ihnen zu Salé zu gehen. Ich bin überhäuft mit Arbeit und ich kann nicht und ich kann nicht träumen. Sie werden ihn sicher finden, so bitte ich Sie, ohne mich zu gehen. Lassen Sie sich ein chinesisches Papiergeld und die Strichzeichnung zeigen.

　　Man hat für Sie das Jägerspiel nicht gekauft; es [belief sich] auf 50 Fr. Man hat die Dominos für 12 Franc verkauft, weil Sie gesagt hatten, daß Sie das eine nicht ohne das andere wollten. Kommen Sie zum Dinner? Dienstag Morgen.

Alles Gute, Kl.

27

Je Vous souhaite le toujours, mon cher Baron, et je Vous prie de m'envoyer les gazettes de St. Petersbourg de même que le *[Tongwenzhi]*同文志 que Vous

avez eu la bonté de me permettre.

Mille amitiés Klaproth

Ich wünsche Ihnen immer[131], mein lieber Baron, und ich bitte Sie, mir die Zeitungen von St. Petersburg auf die gleiche Weise wie das *Tongwenzhi* zu senden, das Sie die Güte hatten, mir zu erlauben.

Tausend Grüße Kl.

28

Guten Morgen lieber Baron!

Sein Sie doch so gefällig und senden mir durch beigehendes Monstre die beiden Paquete Matricen (ein großes und ein kleines) die ich gestern auf ihrem Camin gelassen hab; so wie um die gegossenen Mandshuischen Buchstaben. Ich muß heute durchaus die Police machen.

Tout à Vous Kl.

A Monsieur

Monsieur le Baron de Schilling 62. Rue de Richelieu

29

Wenn Sie wollen daß ich Ihnen das asiatische Journal ordentlich nach St. Petersburg besorgen soll, so müssen Sie sowohl an Cassin oder an Dondey Dupré schreiben, daß sie Ihre und die anderen Exemplare zusenden sollen.

Kl.

Schicken Sie mir durch Überbringer gefälligst die beiden großen Charten und die Calques aus dem *Thai thsing y tung tschi.*

A Monsieur

Monsieur le Baron de Schilling Hotel d'Italie

Avec quelques brochures.

131　　Möglicherweise ist „das Übliche" gemeint; es könnte auch ein Verschreiber für Bon Jour sein.

30

Ich hatte total vergessen, daß ich heute früh ein Rendezvous bey Eyriès[132] habe. Wir müssen daher unsere Zusammenkunft bis morgen verschieben. Ich habe wohl heute beim oder vor Essen die Ehre Sie zu sehen.
Tout à Vous
Dimanche matin.   JHKlaproth

A Monsieur
Monsieur le Baron Schilling de Canstadt
Hotel d'Italie

31

Seit Baron Merian's Tode habe ich keine Gelegenheit Paquete durch die Gesandtschaft nach St. Petersburg zu schicken. Seyn Sie daher so gefällig einem der jetzigen Secretaire derselben zu ersuchen meine Sendungen für Sie anzunehmen und auch abgehen zu lassen, damit nicht wieder solche Confusion entsteht wie mit dem Thung wen tchi.

Empfangen Sie meinen besten Dank für die drei Werke des Archimandriten, die ich vor einiger Zeit erhalten habe. Sollte es möglich seyn so bitte ich mich auch mit der Beschreibung von Peking[133] nebst Plan zu bedenken, aber sowohl Russisch als Französisch, denn man kann sich nie auf Übersetzungen verlassen.

Wenn Sie recht freundschaftlich seyn wollten, so schicken Sie mir auf einige Zeit das 解語
內史三國元遼金
Schmidt Mongolische Geschichte ist hier noch nicht angelangt. Wir warten mit Verlangen darauf.
Paris d. 18 Oct 1829
Sie werden wahrscheinlich schon das Siamische Vocabulair haben copiren lassen. Seyn Sie so gütig mir mein calquirtes Exemplar zurück zu senden.

32

Paris d. 10 Nov. 1829
5 Rue d'Amboise

Theuerster Herr Baron!
Obgleich es scheint als ob Sie Ihre Freundschaft mir gänzlich entzogen habe[n], so nehme ich mir dennoch die Freiheit, mich durch diese Zeilen wieder bei Ihnen in Erinnerung zu bringen, indem ich mir nicht bewusst bin irgend etwas gethan zu haben was Ihnen unangenehm sein könnte, oder mir Ihre Zuneigung abwenden dürfte. Sollte das aber, ohne mein Verschulden geschehen seyn so bitte ich es великодушный[134] zu verzeihen.

Ich habe Ihnen mit der Post, sous bande franco Memel, die drei ersten (fehlerhafte Correctur) Bogen der Übersetzung der Beschreibung von Tibet überschickt, und die folgenden durch Courriergelegenheit, muß aber fürchten daß Ihnen diese noch nicht zu Händen gekommen sind. Wenn Sie diese Übersetzung mit dem Russischen und dann mit dem Chinesischen Originale vergleichen wollen, so werden Sie sehen, daß ich viele Unrichtigkeiten des Archimandriten mit Stillschweigen übergangen habe, und mehrere von ihm ausgelassene Stellen, ohne es zu sagen,

---

132 Jean-Baptiste Benoît Eyriès (Marseille 24. Juni 1767–12. Juni 1846 Graville), Geograph, seit 1805 in Paris wo er als fruchtbarer Schriftsteller, Übersetzer und Mitglied mehrerer gelehrten Gesellschaften wirkte, u.a. der Société asiatique. Vgl. Hoefer: *Nouvelle biographie générale* 16.1856, 870–873 (L. Louvet).

133 Vgl. Rapport sur le plan de Péking, publié à St. Pétersbourg en 1829. *Nouveau Journal asiatique* 4.1829, 356–374. (J. B. Eyriès, J. Klaproth, rapporteur)

134 großherzig.

dem Französischen einverleibt habe. Nun muß ich Ihnen aber einen komischen Vorfall erzählen. Da ich die Dummheit der Leute kenne die von einem Gelehrten verlangen er solle alles wissen, so kam es mir beim Durchlesen eines der letzten Correcturbogen des Werkchens ein, daß meine Anmerkungen dem Archimandriten am Ende in Rußland Schaden thun könnten, was doch ganz und gar nicht meine Absicht war. Ich glaubte diesem Übelstande nicht besser abhelfen zu können, als auf eine ehrenvolle Art eine Anerkennung seiner nicht zu läugnenden Verdienste zu geben, und ging deshalb Sonnabends auf die Bibliothek, um Remusat zu ersuchen ihn, mit mir, in der nächsten Sitzung der Asiatischen Gesellschaft zum Auswärtigen Mitgliede vorzuschlagen. Wie sehr aber war ich erstaunt einen förmlichen Refus zu erhalten. Auf meine Anfrage warum? gab er mir die Antwort. *Venez après la bibliotheque chez moi et Vous verrez.* Und was zeigte er mir die Broschüre des Archimandriten gegen mich. Ich habe sie bei ihm gelesen und werde darauf nicht anders antworten als in den Noten zu der Beschreibung von Tubet und in meinem Artikel über seine Записки о Монголии. Der Ton den er annimmt ist wirklich lächerlich und ich halte ihn dem beleidigten Priester zu gute. Sie kennen mich genug um überzeugt zu seyn, daß ich meine Arbeiten nicht eines nichtigen Ruhmes willen mache, sondern daß mir die historische Wahrheit die Hauptsache ist, ich kann daher und werde es nie zugeben, daß dieselbe durch Unverstand beeinträchtigt wird, sondern diesen so lange ich lebe zu bekämpfen suchen. Ein lächerlicher Widerspruch ist es wenn Hyacinth sagt ich verstünde *assez bien le chinois,* und nachher meine Übersetzungen voller Fehler findet, die er aber nicht angibt, denn da wo er seine Übertragung der meinigen gegenüber stellt, sagen wir gewöhnlich dasselbe nur mit anderen Worten. Wo bei mir etwas fehlt war der schlechte Abdruck des Originals das ich 1825 hatte an der Stelle unleserlich, auch fehlten demselben die Vorreden. Erst vor kurzem habe ich ein gutes und vollständiges Exemplar aus Canton erhalten. Das erste war zwar auf schönem weißen Papier aber ein Abdruck der schon alt gewordenen Platten.

Lächerlich ist der Vorwurf den er meiner mandschuischen Chrestomathie[135] macht, sie bestehe aus Stücken die schon Leontiew[136] und Remusat übersetzt hätten. Was Leontiew russisch gegeben haben kann kenne ich nicht. Existirt es aber wirklich so vergleiche man nur meine Übersetzung mit der Seinigen und man wird den Unterschied finden. Dasselbe gilt von der *Eloge de Moukden*[137], und das *Livre de Recompenses et de Peines*[138] war bereits 1817 abgedruckt, also mehrere Jahre früher als ich Remusat mein Chinesisches Exemplar lieh, aus dem er seine Übersetzung gemacht hat. Auch diese vergleiche man mit der meinigen und man wird sehen daß ich seine Verstöße verbessert und was er ausgelassen hinzugesetzt habe. Mit der Expedition Thsin schi huang ti nach den glücklichen Inseln im östlichen Meere, die ich aus du Halde genommen haben soll, ist er ebenfalls unglücklich, ich habe seit mehr als vier Jahren Du Halde nicht aufgeschlagen. Die Stelle ist aus den Japonischen Chroniquen genommen, und ich werde sie nächstens in einer kleinen Dissertation über jene Expedition, nebst anderen dazu

---

135 *Chrestomathie mandchou ou Recueil de textes mandchou, destiné aux personnes qui veulent s'occuper de l'étude de cette langue,* par J. Klaproth. (Paris:) Imprimerie royale 1828. XII, 275 S.

136 Aleksej Leont'ev (1716–1786), Sinologe und Mandschurist, fruchtbarer Übersetzer aus dem Chinesischen und Mandschu. Vgl. H. Walravens: Aleksej Leont'ev und sein Werk. Eine Bibliographie. *Aetas Manjurica* 3.1992, 404–431.

137 Eloge de Moukden 盛京賦, eine Ode des Qianlong-Kaisers. Vgl. *Éloge de la ville de Moukden et de ses environs.* Poeme composé par Kien-Long, Empereur de la Chine & de la Tartarie, actuellement régnant. Accompagné de notes curieuses sur la géographie, sur l'histoire naturelle de la Tartarie Orientale, & sur les anciens usages des Chinois; composées par les éditeurs chinois & tartares. On y a joint une piece de vers sur le thé, composé par le même Empereur. Traduit en françois par le P. Amiot, Missionaire à Péking; et publié par M. Deguignes. Paris: Tilliard 1770. XXXVIII, 381 S.

138 *Livre de recompenses et de peines,* i.e. Tai shang ganying pian 太上感應篇. Rémusat verwendete eine chinesische Ausgabe mit kaiserlichem Vorwort von 1655. Vgl. *Le livre des récompenses et des peines,* traduit du chinois, avec des notes et des éclaircissemens; par M. Abel Rémusat, Docteur en médecine de la Faculté de Paris, de l'Académie royale des inscriptions et belles-lettres, Lecteur royal et professeur de chinois et de Tartare-mandchou au Collège royal de France. A Paris, chez Antoine-Augustin Renouard, M.DCCC.XVI. 79 S.

gehörigen, und aus der große Japonischen Encyclopédie¹³⁹ entlehnten, im Journal asiatique abdrucken lassen.

Wenn übrigens Hyacinth glaubt mir durch seine Brochure ein großes Herzeleid gemacht zu haben, so irrt er sich. Ich halte dafür daß der Mann recht gut Chinesisch versteht, aber manche Stellen nicht übersetzen kann weil sie zu dunkel sind, oder weil ihm dazu die nöthigen positiven Kenntnisse abgehen, das ist aber mehr oder weniger der Fall mit allen Europäern die Chinesisch treiben. Übrigens ist er ein unkritischer Kopf, dafür kann er nicht. Er hat auch Unrecht meine Erklärung über seine Mongolische Geschichte so verstanden zu haben als behauptete ich in derselben der Tung wen tschi sei ein unbrauchbares und schlechtes Werk; das ist nicht der Fall, es ist im Gegentheile sehr schätzbar, nur nicht für den Türkischen Theil.

Ich spreche von einem ganz anderen Buche um dessen Mittheilung ich Sie oft vergeblich gebeut habe es ist das 語元金遼 (oder so ungefähr betitelt). In diesem Werke haben die Verfasser gesucht alle Eigennahmen die in der älteren Geschichte Mittelasiens vorkommen aus dem Mongolischen zu erklären, ohne daß die Chinesischen Schriftsteller die Übersetzung dieser Namen gegeben haben, die allein die Richtigkeit der Erklärung beweisen können.

Sie können sich ein großes Verdienst um die Lösung der streitigen Punkte in der Mittelasiatischen Geschichte machen, wenn Sie das Buch der Asiatischen Gesellschaft mittheilen, und es deren Examen unterwerfen. Es ist dieses die einzige [15b] Art, um allen dem uncritischen Unwesen auf einmal ein Ende zu machen. Schmidt Mongol. Geschichte ist hier noch nicht angekommen. Aus Deutschland schreibt man mir, daß er jetzt von derselben dasselbe Urtheil in seiner Vorrede fälle, das ich vor mehreren Jahren schon gedruckt habe, daß sie nämlich ein in mehrer Hinsicht unzuverlässiges Werk sey.

Obgleich Sie, geehrter Freund, vor einiger Zeit in St. P. bemerkt haben, daß ich gern über Dinge schriebe von denen ich nichts verstände, so lehrt doch jetzt der Erfolg, daß ich mich hinsichtlich der Hieroglyphen und Champollion nicht geirrt habe. Lesen Sie nur die Artikel, in der Londô Literary Gazette, im Classical Journal, im Asiatic Journal, in der Quotidienne, im Temps, in den heidelberger Jahrbüchern und in den Italiänischen Journalen, in denen man meinen Observations sur l'Alphabet hieroglyphique¹⁴⁰ alle Gerechtigkeit widerfahren läßt, und sie als ein Muster der Kritik aufstellt. Ich schreibe Ihnen das nicht aus Eigendünkel, sondern einzig als Antwort auf Ihre mündliche Bemerkung von 1827. Jetzt erst fallen den Leuten die Schuppen von den Augen und sie sehen sich verwundert an, sich fragend, ob sie denn wirklich alle das Zeug dem Champollion¹⁴¹ geglaubt hatten, was er ihnen weiß gemacht habe. Aber ist es nur möglich zu glauben daß es vor mir niemand eingefallen die ganze Sache einer vernünftigen Prüfung zu unterwerfen. In Eile. Bon soir.

[Randschrift:] Sie sehen wohl ein, daß ich jetzt den Hyacinth nicht eher zum auswärtigen Mitgliede vorschlagen kann als bis die Beschreibung von Tibet ganz fertig gedruckt ist, weil ich sonst als Poltron erscheinen würde. Dann aber soll es gewiß geschehen, denn ich habe eben so wenig gegen ihn als gegen Schmidt Rancune. Hyacinth hat viel Pfaffenstolz und Schmidt Herrnhuterischen kaufmännischen Eigendünkel.

A Son Excellence
monsieur le Baron
Paul Schilling de Canstadt

---

139 *Kimmô zui* 訓蒙圖彙; vgl. Notice sur l'encyclopédie japonais et sur quelques ouvrages du même genre. Par M. Abel-Rémusat. *Notices et extraits des manuscrits de la Bibliothèque du roi et autres bibliothèques* 11.1827, 123–310.

140 Observations critiques sur l'alphabet hieroglyphique decouvert par M. Champollion le jeune, et sur le progrès fait jusqu'à ce jour dans l'art de dechiffrer les anciennes écritures égyptiennes. Paris 1829. Einleitung zu: *Collection d'antiquités égyptiennes recueillies par M. le chevalier de Palin.*

141 Jean François Champollion (Figeac 23. Dez. 1790–4. März 1832 Paris); dem Linguisten gelang es, eine Anzahl von Hieroglyphen zu entziffern und damit den Weg für ein völliges Verständnis der altägyptischen Schriften zu ebnen. Vgl. *Dictionnaire des orientalistes de langue française.* Paris: Karthala 2008, 192–194.

Au college des Affaires étrangeres
St. Petersburg
port payé

[marginal note] Pag 84 ligne 5 et pag 91 ligne 4 il faut lire «voyant qu'il n'existait aucun livre imprimé» etc.

33
Guten Morgen,
Anbei das Tübetische Arzeneyenverzeichniß. Bemerken Sie daß der Verfasser nicht gut Chinesisch konnte, indem auf der Etiquette   [---] gedruckt ist. Wie gefallen Ihnen [---] Georgische Buchstaben. [---] abgedruckt. Sein Sie so gütig [---] mir den Doy baslaba [---] das andere Heft der Hexa[---][142]
Tout-à-Vous
Kl.

A Monsieur
Monsieur le Baron de Schilling
62. Rue de Richelieu
Avec un étui rouge.

34
Ich hoffe von Ihrer Großmuth, theuerster Herr Baron, daß Sie die Güte haben werden mir und Remusat ein Exemplar der Beschreibung von Tubet zu senden; denn auf Briefe und andere Communicationen von Ihnen können wir wohl nicht mehr rechnen.
Kl

35
Notes
In geschriebenem alten Catalog der Academie sind folgende Nummern als fehlend angemerkt. N° 23, 24 sind nur 3 Hefte statt 2 Bände. 32. 45 fehlt 1 Band. 51. 62.62*. 111. 130. 142. 143. 144. (Diese 3 Nummern sind die Karten.) N° 143 und 144 befinden sich in Paris im Auswärtigen Depart. wo sie durch Segur[143] hingekommen sind. 132 ist durch Wladikin[144] an Kl. gekommen. 150 hat nur 2 Hefte statt ganz Tao. 177 soll 11 Hefte hat aber nur fünfe. 181 hat statt 6 Bände nur 3.
In der Bibliothek der Academie befindet sich Messerschmidts[145] Tagebuch und andere Orientalia vom Ditto.[146]

---

142   Der Text ist teilweise verdeckt durch einen Streifen mit georgischen Buchstaben.
143   Wahrscheinlich der Diplomat Louis Philippe de Ségur (Paris 10. Sept. 1753–27. Aug. 1830), der 1783–1789 als Botschafter in St. Petersburg tätig war. Vgl. C. A. Sainte-Beuve: *Portraits littéraires.* 1–3 Paris: Garnier 1862–1864, II, 365–366: Le comte de Ségur.
144   Anton Grigořevič Vladykin (1761–1811), Sinologe und Dolmetscher; cf. H. Walravens: Anton Vladykin. Eine Biobibliographie des russischen Mandjuristen und Sinologen. *UaJb* NF 2.1982, 291–298.
145   Daniel Gottlieb Messerschmidt, (Danzig 13. April 1685–25. März 1735 St. Petersburg), Arzt und Forschungsreisender; er unternahm eine siebenjährige Forschungsreise durch Sibirien; ein Teil seiner reichen Sammlungen ging bei einem Schiffbruch in der Ostsee verloren. Seine Reisetagebücher wurden veröffentlicht: *Forschungsreise durch Sibirien 1720–1727*. Bd. 1–5. Berlin: Akademie Verlag 1962–1977. (die Kommentare wurden aus Sparsamkeitsgründen stark gekürzt). Vgl. *ADB* 21.1885, S. 494–497.
146   „Genannten, Besagten."

Der alte Graf Stroganof hat eine Chinesische Sammlung von Münzen mit einem spanischen Catalog von [Manuel de] Agote[147] spanischem Consul (?) in Canton.

36

Bitten für mich

Was von Sibirischen, Caucasischen Georgischen Charten seit 1822 herausgekommen ist und noch heraus kömmt.

1. Broniewski Kaukasus[148]
1. Timkowski, Womöglich 2 Exempl. von der Charte

Die Georgischen Costüme und Kaukasischen die in S. Petersburg lithographirt sind.

Orlowski[149] von mir zu grüßen und zu bitten mir seine Persische Lithographien zu schenken.

Reichel bei der Bank bestens zu grüßen

Zepplin ebenfalls und ihn zur auswärtigen Correspondenz über geographisch-historische Gegenstände anzumahnen.

Der Academische Arzt, der 1809 erblichen ist, hatte mir einen Chinesischen Original Atlas versprochen. Diesem nachzustellen.

Description de Peking auf einen Monat nach Paris.

37

Curiosa in der Bibliothek der Academie in St. Petersburg

Historico Politica

14. Kurze Beschreibung der Reise von St. Petersbg. nach Peking

132. Messerschmidts *Sibiria perlustrata*

133. Varia Messerschmidtiana ad geographiam et historiam Naturae spectantia. 3 vol.

206. Collectanea Messerschmidtii ad linguas Sibiriae spectantia.

Lassen Sie davon eine Copey für mich machen.

Im Archiv der Academie Resanows[150] Russisch Japanische Grammatik nebst Wörterbuch

38

Mir fehlt das 7e. Blatt des 163. kiven [卷] des Thai tsing y thung tschi[151]. Nach dem academischen Exemplare.

Provinz Kan su, district 府州甘

---

147 Manuel de Agote, Getaria 1755–1803 Getaria, Kaufmann und Reisender, 1887 Repräsentant der Kgl. Handelsgesellschaft der Philippinen in Macao. Seine Sammlungen befinden sich im Baskischen Seefahrtsmuseum in Donostia.

148 Semen Bronevskij: *Novejšie geografičeskie i istoričeskie izvestija o Kavkaze*. 2 T. Moskva 1823. – Der Staatsrat Semen Michajlovič Bronevskij (1763–27. Dez. 1830) Kanzleichef des Oberkommandierenden des Kaukasus in Tiflis, Fürst P. D. Cicianov. Vgl. *Russkij biografičeskij slovař* 3.1908, 362–363.

149 Aleksandr Osipovič Orlovskij (1777–1832): 41 Zeichnungen in dem Buch: «Drouville, Voyage en Perse, pendant les années 1812 et 1813... St.-Petersbourg. Imprimé chez Pluchart, à ses frais. Paris chez Firmin Didot 1819». Zwei Bände 4° und Atlas. In der ersten Ausgabe dieses Atlas 1819 lautet der Titel: Atlas pour servir au voyage en Perse, Pendant les annees 1812 et 1813. Par Gaspard Drouville. — La plus grande partie des dessins ont été Lithographies par M.M. A. Orlowsky, Swébach, et autres artistes. В этом Атласе имеются ниже поименованные 59 рисунков и карта Персии. В моем собрании находится третье издание этого Атласа со следующим заголовком: Atlas ou Collection de 43 Costumes [Два из них (№№ 18 и 27) уже были изданы Орловским прежде и описаны выше под №№ 43 и 44.] Persans militaires et civils, Dessinés par A. Orlowsky, pour orner le voyage de Perse, fait pendant les années 1812 et 1813. Par Gaspard Drouville, Colonel de Cavallerie au service de S.M. l'Empereur de toutes les Russies. Troisième tirage... St.-Pbg... Pluchart... 1823. (Nach Rovinskij. Vgl. https://dic.academic.ru/dic.nsf/enc_biography/96278/%D0%9E%D1%80%D0%BB%D0%BE%D0%B2%D1%81%D0%BA%D0%B8%D0%B9)

150 Nikolaj Petrovič Rezanov (1767–1807), russischer Diplomat, Teilnehmer der Krusenstern Expedition, ging 1804 nach Nagasaki, wurde aber nicht von der japanischen Regierung empfangen. Er reagierte darauf mit der Plünderung einiger Dörfer auf Sachalin im Jahre 1806. Vgl. *Japan-Handbuch*. Berlin: Steiniger 1941, 484–485 (Karl Wals).

151 大清一統志.

Das vorhergehende 6e. Blatt endigt mit 自。渠水
Das folgende 8e. Blatt fängt an 末梁後
Wie heißen die boules chinoises[152] und Godmichés[153]
Wie hängt es mit dem Brennen der Frauenzimmer zusammen.

39

Supplement zum Mandshuischen Wörterbuche
Könnten Sie mir nicht mit demselben die Beschreibung von Peking senden.

40

Ich hoffe, daß Sie diese Zeilen nebst Beilagen, in bester Gesundheit, an der Chinesischen
Gränze treffen werden. Duplicate einiger Broschüren erhalten Sie durch A. Turgeneff, der in
acht Tagen von hier nach Moskau abreist. Empfehlen Sie mich dem P. Hyacinth und bitten ihn
in meinem Namen, nicht zu glauben, daß Feindschaft mich anreize gegen ihn zu schreiben, aber
den Unsinn der Khian lung-schen Commission konnte ich nicht unnotifizirt der Europäischen
Welt übergeben lassen. Vergessen Sie nicht
Ihren ergebensten
Paris 15 Sept. 1830   JHKlaproth

41

Paris 1 mars 1831
5 Rue d'Amboise

Je ne sais pas, mon cher Baron, avec quoi nous autres pauvres Parisiens, nous avons merite
Votre animadversion, mais nous devons effectivement craindre d'avoir entièrement perdu
Votre bienveillance, puisque depuis plusieurs années Vous ne donnez aucun signe de vie, et il
paraît que vous Vous étez expressement retiré à la frontière du Céleste empire, pour trouver une
raison plausible de cet oubli.

Malgré Votre attitude boudeuse nous pensons souvens à Vous, et je prens la liberté de me
rapeller à Votre souvenir par l'envoi ci-joint, que je Vous prie avec bonté quoiqu'il ne sera
peut-être tout-à-fait agréable à Votre compagnon de Voyage. Soyez pourtant convaincu que
mon but en refaisant son livre a été celui de le facher. Au contraire Vous savez que j'ai été
toujours très-porté pour lui. Mais la description du Tubet devait paraître en Europe dans une
langue généralement intelligible, et il était alors impossible de la publier aussi defectueuse,
quelle l'etait dans la traduction russe.

Pour consoler le P. Hyacinthe je le proposerai Lundi prochain comme Membre externe de la
Société Asiatique, et je ne doute pas que cette compagnie savante ne s'empresse à se l'adjoindre
à ce titre. Dans un mois je pourrais donc avoir le plaisir de lui envoyer la notification de sa
nomination, que je m'empresserai de faire mettre dans le Moniteur et dans d'autres Journaux.

J'ai beaucoup de cahiers du Journal Asiatique pour Vous, mais je ne sais pas comment Vous
les faire parvenir, et je crains si je les envoye d'ici par un Courrier de l'Ambassade ils ne restent
aux Affaires étrangères à St. Petersbourg.

Je reviens toujour à mon ancienne démande relative à un 鑑文清 avec le Mongol et le
Tubetain.[154] Veuillez me faire le plaisir de m'en procurer un s'il est possible, et agréez d'avance
les remerciments et les civilités de

---

152   Sie wurden in die Vagina eingesetzt, um Lustgefühle zu erzielen.
153   Penisnachbildung, Dildo.
154   *Duin hacin-i hergen kamciha Manju gisun-i buleku bithe.* Yuzhi siti Qingwenjian 御製四體清文鑒. 36 Hefte. oder:
       Duin hacin-i hergen kamciha buleku bithe. Siti hebi wenjian 四體合壁文鑒 40 juan. Vgl. H. Walravens:

Votre très humble et très obeissant Serviteur
JHKlaproth

Paris 1. März 1831
5 Rue d'Amboise

Ich weiß nicht, mein lieber Baron, womit wir anderen armen Pariser ihre Mißbilligung verdient haben, aber wir müssen wirklich glauben, Ihr Wohlwollen völlig verloren zu haben, denn seit mehreren Jahren geben Sie kein Lebenszeichen, und es scheint, als ob Sie sich ausdrücklich an die Grenze des Himmlischen Reiches zurückgezogen hätten, um einen einsichtigen Grund für dieses Vergessen zu haben.

Trotz Ihres Schmollens denken wir oft an Sie, und ich nehme mir die Freiheit, mich mit der eingeschlossenen Sendung in Ihre Erinnerung zu rufen, die ich Sie bitte mit Güte [zu betrachten], wenn sie vielleicht auch nicht ganz und gar angenehm für Ihren Reisegefährten sein wird. Seien Sie indes überzeugt, daß mein Ziel bei der Umarbeitung seines Buches war, ihn zu ärgern.[155] Im Gegenteil wissen Sie, daß ich stets sehr eingenommen für ihn war. Aber die Beschreibung Tibets sollte in Europa in einer allgemein verständlichen Sprache erscheinen, und es war da unmöglich, sie so fehlerhaft zu publizieren, wie sie in der russischen Übersetzung war.

Um den P. Hyacinth zu trösten werde ich am nächsten Montag ihn zum auswärtigen Mitglied der Asiatischen Gesellschaft vorschlagen, und ich zweifle nicht, daß diese gelehrte Gesellschaft sich beeilen wird, ihm diesen Titel zuzuerkennen. In einem Monat könnte ich dann das Vergnügen haben, ihm die Mitteilung seiner Nominierung mitzuteilen, die ich mich beeilen würde, an den Moniteur und andere Zeitungen zu senden.

Ich habe viele Hefte des Journal asiatique für Sie, aber ich weiß nicht, wie ich sie Ihnen zukommen lassen kann, und ich fürchte, wenn ich sie von hier durch den Kurier der Botschaft sende, bleiben Sie nur im Außenamt in St. Petersburg liegen.

Ich komme wieder auf meine alte Bitte bezüglich eines Wörterspiegels mit dem Mongolischen und Tibetischen zurück. Machen Sie mir das Vergnügen, für mich, wenn möglich, einen zu besorgen, und genehmigen Sie im Voraus die Dankbarkeit und Empfehlungen Ihres bescheidensten und gehorsamsten Dieners
JHKlaproth

42

Das folgende Inhaltsverzeichnis einer Beschreibung des Kaukasus ist weder identisch mit *Voyage au mont Caucase et en Géorgie* (1823) noch *Tableau historique, géographique, ethnographique et politique du Caucase et des provinces limitrophes entre la Russie et la Perse* (1827). Es scheint sich hier um eine Gliederung zu einer Beschreibung des Kaukasus zu handeln, die so nicht realisiert wurde.
Ie. Partie
Introduction – Notions géographiques générales. Notions préliminaires du Caucase.
Chap. I. – Etendue, limites, denominations, population primitive, progrès geographiques.
Epoques historiques:
  Epoque 1 – Période grecque
  Epoque 2 – Période romaine
  Epoque 3 – Période byzantine ou greco-persane

Mandschurische Handschriften und Drucke im Bestand der Staatsbibliothek zu Berlin. Stuttgart: Steiner 2014, no. 255, 288.

155 Diese Bemerkung könnte ironisch gemeint sein; oder aber es ist ein „nicht" ausgefallen.

Epoque 4 – Période turco-persane

Epoque 5 – Période russe

Religion – Langue – Mœurs – Manière de vivre – Gouvernement – Difference des conditions – Politique – Commerce – Population – Revenue.

Chap. II – Coup-d'œil sur l'etat physique du Caucase – Montagnes et rivières.

a. Position et analyse des montagnes prises dans toutes leurs directions; d'après Guldenstædt.

b. Rivières – Terek – Kouma – Kouban – Rion – Engouri & Khopi – Tchorokhi.

Chap. III – Notions sur le commerce du Caucase.

a. Commerce de terre ferme et de la mer Caspienne

b. Commerce ancien et moderne du Kour et du Phahe

Chap. IV – Nomenclature de quelques animaux du Caucase et de la Géorgie, d'après le système de Linné.

Divisions principales du Caucase

– Contrée occidentale, ou rivage du nord-est de la mer Noire. – Du trafic des esclaves.

2. Section – L'Abkhazie ou Abaza – Petite Abazie – L'Abkhazie du N.O. – L'Abkhazie du S.O. – Territoire de Sokhou kalah – Notions sur le commerce de cette côte.

II. Partie

Region septentrionale du Caucase.

Chap. I. Coup d'œil général – Etendue, limites – Fragments sur l'etat physique de la region septentrionale du Caucase, prises en grande partie dans les observations de Guldenstædt et de Poltar.– Mont Elbrouz – Monts Bech-tan – Production – Eaux minerales.

Chap. II. Tcherkesses – Coup d'œil général – Limites – Monuments remarquables dans la contrée des Tcherkesses – Division de leur pays – Tcherkesses transkoubaniens – Kabardie – Origine, histoire – Grande Kabardie – Petite Kabardie – territoire sans nom et contrée de Baragoune – Etat civil et politique des Tcherkesses, et principalement des Kabardiens – Religion – Langue – Formes exterieures – Costume – Manière de batir – Education – Loix ou gouvernement – Coutumes qui tiennent lieu de loix – Manière de faire la guerre – Mœurs – Mariage – Hospitalité – Mediation des femmes – rixes et Duels – Economie rurale – Agriculture – Haras – Education des bestiaux – Aliments – Revenues – Sciences – Métiers – Commerce – Amusements – Maladies – Funerailles.

Chap. III Kistes – Etendue et limites – Rivieres – Denominations – Origine, histoire – Langue – Kistes – Ingouches – Karaboulaks – Tchetchentses.

Chap. IV Koumik's – Etendue, limites – Rivières, position et proprieté du sol – Oriine, notions historiques – Division du territoire – Observations générales –

Chap. V – Tribus Nogay, etablies vers la contrée septentrionale du Caucase – Nogay nomades en deçu du Terek et du Kouban – Nogay etablies chez les montagnards au delà du Terek, de la Mulka et du Kouban – Nogay établis dans les montagnes du Caucase au delà du Terek et du Kouban, dans le courant du 18e ou vers la fin du 17e siècle.

Explication des signes appelés Tarzei, dont on marque les chevaux dans les huras.

Partie Orientale du Caucase

Chap. I – Coup d'œil général – Limites, etendue – Division générale – Proprieté du sol – Production – Economie rurale, agriculture – Animaux domestiques.

Chap. II Le Daghestân – Denomination – Limites – Domaine du Chamkhal de Tarkou – Djangotei – Langue – Domaine de l'Ouzmei des Kara Kaidak – Recherches sur la ville de Koubitchi et sur l'origine européenne de ses habitans – Khanat de Derbend – Tabasseran –

Chap. III – Le Chirwan – Coup d'œil général – Pleine entre le Samour et l'Ata tchou et la Territoire sterile entre l'Ata tchou et la vallée en deçu du Kour – Vallée sur la gauche du Kour –

43

Paris 8 Aout 1833
5 Rue d'Amboise

Monsieur

Je m'empresse de Vous offrir mes remerciments pour le beau cadeau que Vous avez eu la bonté de me faire, et pour la bienveillance que Vous me montrez dans Votre lettre du 12 Juillet.

Tous les Orientalistes, et principalement ceux qui s'occupent d'étudier les antiquités et l'ancien idiome de l'Inde, vous avaient deja la plus grande obligation pour la publication de la première édition de Vôtre excellent Dictionnaire sanscrit; leur gratitude doit doubler quand ils verront la service si considérablement augmentée et perfectionnée. Revenu dans Votre patrie dans le climat est plus proprice aux travaux scientifiques, que celui de l'Inde, nous espérons tous que Vous nous ferez participer des riches trésors que Vous avez rapportes des bords du Gange, et que le Ciel Vous accordera la santé et le bien-être necessaire a d'autres travaux, qui ils ne peuvent ajouter à Votre gloire, contribueront toujours à rendre l'Inde et sa littérature plus connue en Europe, et exciteront un plus grand nombre de personnes à l'étude de sanscrit, cette langue si merveilleuse à laquelle aucune autre du monde se peut comparer.

Je Vous remercie aussi pour l'envoi du XVIIe volume des Asiatic Researches, que j'ai trouvé dans le même paquet que le Dictionnaire, et que je dois par consequent egalement à Votre bonté. Je saisis Votre offre de m'être utile dans mes relations avec Calcutta, et je prendrai dans quelque temps la liberté de Vous envoyer un petit mémoire pour la Société Asiatique de cette ville, dans lequel je me propose d'exposer, ce que je pense qu'il faudroit faire pour resoudre la question relative au Cours inférieur du Tsang-bo du Tubet. Je suis fache que je n'ai pas donné cet exposé il y a long-temps, car si je l'avais fait Mr. Wilcox[156], aurait pu resoudre la question, lors de son dernier séjour dans l'Assam.

Je n'ai eu aucune nouvelle du paquet de Calcutta qui a été en effet ainsi adressé à Mr^s. Eyriès frères au Havre, mais qui n'y est jamais arrivé. Neanmois je Vous remercie toujour pour le soin que Vous avez bien voulu donner à cette petite commission et j'ai l'honneur d'être
Votre très-devoué
JHKlaproth

Abschrift eines Briefes an Horace Hayman Wilson[157] in dem Bestand Klaproth des Akademie-Archivs. Vgl. Klaproth: *Briefwechsel mit Gelehrten.* Wiesbaden: Harrassowitz 2002, 175.

Mein Herr,

Ich beeile mich Ihnen meinen Dank für das schöne Geschenk auszusprechen, das Sie mir gemacht haben, und für das Wohlwollen, das Sie mir in Ihrem Brief vom 12. Juli zeigen.

Alle Orientalisten, und hauptsächlich diejenigen, die sich mit den Altertümern und der alten Sprache Indien beschäftigen, haben Ihnen gegenüber bereits die größte Verpflichtung für die Veröffentlichung der ersten Ausgabe Ihres vorzüglichen Sanskritwörterbuchs; ihre Dankbarkeit dürfte sich verdoppeln, wenn sie diesen Dienst so bedeutend vermehrt und vervollkommnet sehen. Zurückgekehrt in Ihr Vaterland, in dem das Klima so viel günstiger für wissenschaftliche

---

156   R. Wilcox: Memoir of a survey of Assam and the neighbouring countries, executed in 1825-6-7-8. *Asiatick Researches* 17.1832, 314–469.

157   H. H. Wilson (1786–1860), britischer Arzt und Indologe. Vgl. C. B.: Wilson, Horace Hayman. *Dictionary of National Biography* 21.1890, 568–570.

Arbeiten als in Indien, hoffen wir alle, daß Sie uns nun teilnehmen lassen an den reichen Schätzen, die Sie von den Ufern des Ganges mitgebracht haben, und daß der Himmel Ihnen die Gesundheit und das nötige Wohlsein für andere Arbeiten zubilligen möge, die Ihren Ruhm steigern und dazu beitragen werden, daß Indien und seine Literatur in Europa bekannter werden, und eine größere Anzahl von Personen zum Studium des Sanskrit, dieser Sprache, anregen, so wunderbar, als daß eine andere in der Welt sich damit vergleichen kann.

Ich danke Ihnen auch für die Sendung des XVII. Bandes der *Asiatic Researches*, die ich in dem selben Paket wie das Wörterbuch gefunden haben, und das ich daher gleichermaßen Ihrer Güte schulde. Ich nehme Ihr Angebot, mir in meinen Beziehungen zu Calcutta nützlich zu sein, gerne an und ich werde in einiger Zeit mir die Freiheit nehmen, Ihnen eine kleine Denkschrift für die Asiatische Gesellschaft dieser Stadt zu senden, in der ich darstellen will, was man meiner Meinung nach tun muß, um die Frage nach dem Unterlauf des Tsang-bo von Tibet zu klären. Es ärgert mich, daß ich dieses Exposé nicht vor langer Zeit gegeben habe, denn hätte ich es getan, hätte Herr Wilcox die Frage während seines letzten Aufenthalts in Assam lösen können.

Ich habe keine Neuigkeit bezüglich des Pakets von Calcutta gehabt, das in der Tat an die Brüder Eyriès in Havre adressiert war, aber das dort niemals angekommen ist. Nichtsdestoweniger danke Ihnen jedoch für die Mühe, die Sie freundlichst für diese kleine Bestellung aufgewendet haben und habe die Ehre zu sein
Ihr sehr ergebener
JH Klaproth

44
Paris ce 10 Août 1834 5 Rue d'Amboise

Monsieur le Baron
Permettez moi de me rapeller à vôtre souvenir et de Vous présenter le petit ouvrage ci- joint, que je Vous prie de recevoir et déjuger avec indulgence. Les caractères chinois qui ont servi à son impression sont ceux qu'on a gravés sous ma direction pour l'Imprimerie Royale. Tout le corps est aprésent complet, de sorte qu'on peut imprimer tous les signes du Dictionnaire de Khang hi, avec les 5000 poinçons, à l'exception des Kou wen. Jusqu'aprésent ce qu'on en a fondu est en grande partie mal fondu, mais ce ne sont que des essays. A la fonte générale on régularisera tout.

C'est avec joie que j'ai appris que Vous avez encore recueilli d'immenses trésors pendant Vos voyages en Sibérie et à la frontière chinois; et que Vous avez apporté un *['ka'-'gyur]* [!] complet à St. Petersbourg. Je fais aprésent imprimer ici deux mémoires sur le Tubet par le P. Horace de la Penna di Billi. L'un porte le titre de *Breve notizia del Thibet* 1730, et l'autre *Breue raguaglio del gran Reyno del Thibet.* [158] Dans celui-ci le système religieux du pays est développé. J'insère ces mémoires avec mes notes dans le *Journal Asiatique,* mais je le ferai tirer à part. Les *Annales du Japon* que je publie aux frais de la Société des traductions de Londres, sont achevées. Il n'y manque que le titre. J'aurais l'honneur de Vous en envoyer un exemplaire. Le *Fo koue ki* de Mr. Rémusat, dont je soigne l'impression et que je serais obligé de compléter, car le travail de M. Rémusat ne va qu'à la moitié de l'ouvrage, est à la 22e feuille en quarto.

J'ai étudié avec beaucoup de fruit les Mémoires sur le Bouddhisme de Mr. Schmidt, et je pense que dans presque dans tout de ce qu'il dit contre les opinions de Rémusat, il a parfaitement raison. Ce dernier a trop vîte adopté l'Adi Bouddha de Hogdson[159] [!]. Cette

---

158   Breve notizia *del regno del Thibet dal Fra Francesco Orazio della Penna di Billi. 1730.* Ouvrage publié d'après le
         manuscrit autographe de l'auteur, accompagné des notes, par M. Klaproth. Paris: Impr. royale 1835. 79 S.
159   Brian Houghton Hodgson (1800–1894), englischer Naturforscher.

divinité suprême n'existe que dans le système du Kâla Tchakra, qui ne date que du XI siècle et se trouve exposé dans le troisième ouvrage de la 7e partie du Kah ghiour *[rgyud]*, et s'apelle en sanskrit Paramâdibouddha Sri Kâla tchakra. Il y est question de la Mecque et de la religion de Mahomet.

Connoissent vôtre bonté j'ose Vous soumettre deux très-humbles demandes. La première est relative à la promesse que Vous m'aviez faite, de me procurer un exemplaire du Miroir de la langue mandchoue avec le mongol et le tubétain. Vous me rendriez heureux en la remplissant car quoique j'aye les dictionnaires tubétains de Schroeter[160] et de Csoma de Kőrös[161], je voudrais bien avoir le Miroir dans lequel se trouvent beaucoup de choses qui y manquent, et qui par son ordre est très-commode à la recherche.

La seconde demande que je Vous adresse, est de me faire calquer la préface du 新選錢譜 *[Xinxuan Qianpu]*, ouvrage sur les médaillés que je Vous ai cédé en 1814. De même la fin depuis la médaillé 順天元寶 *[Shuntian yuanbao]*, qui est la 61e de la 3e partie; jusqu'au dernier mot du livre. J'ai fait dans le temps la traduction de cet ouvrage, et je voudrais la publier, mais ces deux morceaux me manquent encore. Si Vous pouvez m'envoyer les derniers publications de l'Archimandrite Hyacinthe, qui ont parus depuis le 三字經 *[Sanzijing]* Vous m'obligeriez egalement beaucoup. Il a aussi inséré plusieurs mémoires interessantes dans de Journaux de Moscou, je voudrais bien connoître.

Espérant bientôt avoir des Vous nouvelles je Vous prie de me croire pour toujours Monsieur le Baron
Votre très humble et très obéissant serviteur HJKlaproth

Paris, den 10. August 1834, 5 Rue d'Amboise

Herr Baron,
Erlauben Sie mir, mich wieder bei Ihnen in Erinnerung zu bringen und Ihnen das kleine anliegende Werk zu überreichen, das ich Sie bitte entgegenzunehmen und mit Nachsicht zu beurteilen. Die chinesischen Zeichen, die für den Druck genutzt wurden, sind diejenigen, die man unter meiner Leitung für die Königliche Druckerei graviert hat. Der ganze Fundus ist jetzt vollständig, sodaß man alle Zeichen des Kangxi-Wörterbuchs mit den 5000 Typen drucken kann, mit Ausnahme des Guwen. Was man bis jetzt gegossen hat, ist schlecht gegossen, aber das sind nur Versuche. Beim allgemeinen Fundus wird man alles ausgleichen.

Mit Freude habe ich gehört, daß Sie noch große Schätze während Ihrer Reise in Sibirien und an der chinesischen Grenze gesammelt haben, und daß Sie einen vollständigen Kandschur nach St. Petersburg gebracht haben. Ich lasse gegenwärtig zwei Abhandlungen über Tibet vom P. Orazio della Penna di Billi drucken. Eine trägt den Titel *Breve notizia del Thibet* 1730 und die andere *Breue raguaglio del gran Reyno del Thibet.* Darin wird das religiöse System des Landes entwickelt. Ich rücke diese Abhandlungen mit meinen Anmerkungen im Journal asiatique ein, lasse sie aber gesondert abziehen. Die *Annales du Japon,* die ich auf Kosten des Oriental Translation Fund in London veröffentliche, sind fertig. Es fehlt nur noch der Titel. Ich werde die Ehre haben, Ihnen davon ein Exemplar zu schicken. Das *Fo koue ki* von Herrn Rémusat, dessen Druck ich besorge und das ich zu vervollständigen verpflichtet bin, denn die Arbeit von Herrn Rémusat geht nur bis zur Hälfte des Werkes, ist beim 22. Blatt in quarto.

---

160   Friedrich Christian Gotthelf Schröter (†1820). Vgl. auch *NJA* 1.1828, 148–149. Schröters Material war teils lateinisch, italienisch und deutsch, da nach den Arbeiten von verschiedenen Missionaren kompiliert. Von den Engländern erworben, wurde das Manuskript 1823 an Carey zur Übersetzung und Edition übergeben. Vgl. auch Rémusat in *NJA* 1.1828, 57–58.

161   1784–1842, Forschungsreisender, Tibetologe. Vgl. József Terjak: A short biography, in: Alexander Csoma de Kőrös: *Tibetan-English dictionary.* Budapest: Akadémiai Kiadó 1984, VII–XXXVI.

Ich habe mit viel Gewinn die Abhandlungen über den Buddhismus von Herrn Schmidt gelesen, und ich denke, daß er bei fast allem, was er gegen die Ansichten von Rémusat sagt, völlig recht hat. Der letztere hat zu schnell den Adi Buddha[162] von Hodgson akzeptiert. Diese oberste Gottheit existiert nur im System des Kalacakra, das nur bis auf das 11. Jahrh. zurückgeht und sich dargestellt findet im 3. Werk des 7. Teils des Kandschur [rgyud] und sich auf Sanskrit nennt: Paramâdibuddha Śri Kâlacakra. Es ist dort die Frage von Mekka und der Religion des Mohammed.

Da ich Ihre Güte kennen, wage ich Ihnen zwei sehr bescheidene Bitten zu unterbreiten. Die erste bezieht sich auf das Versprechen, das Sie mir gegeben haben, mir ein Exemplar des Spiegels der Mandschusprache mit dem Mongolischen und Tibetischen zu beschaffen. Sie würden mich durch ihre Erfüllung glücklich machen, denn zwar habe ich die tibetischen Wörterbücher von Schröter und von Csoma de Kőrös, ich würde aber gern den Spiegel haben, in dem sich viele Sachen finden, die dort fehlen und die durch ihre Anordnung sehr bequem für die Suche sind.

Die zweite Bitte, die ich an Sie richte, ist mir das Vorwort des 新選錢普 [Xinxuan Qianpu] durchpausen zu lassen, eines Werkes über Medaillen [Münzen], das ich Ihnen 1814 überlassen habe. Desgleichen das Ende von der Medaille 順天元寶 [Shuntian yuanbao], die die 61. des 3. Teils ist; bis zum letzten Wort des Buches. Ich habe im Laufe der Zeit die Übersetzung dieses Werkes angefertigt und würde sie veröffentlichen, aber die beiden Stücke fehlen mir noch. Wenn Sie mir die letzten Veröffentlichungen des Archimandriten Iakinf senden könnten, die seit dem Sanzijing herausgekommen sind, würden Sie mich gleichermaßen sehr verbinden. Er hat auch mehrere interessante Artikel in den Zeitschriften von Moskau eingerückten, ich würde sie gern kennenlernen.

In der Hoffnung, bald Nachrichten von Ihnen zu erhalten, bitte ich Sie mir für immer zu glauben, Herr Baron, Ihr ganz bescheidener und gehorsamer Diener HJKlaproth

45

[Besprechung von Klaproth: *Examen critique des travaux de feu M. Champollion.*]
Nicht treffender hätte der gelehrte Verfasser dieser Critik die Arbeiten des verstorbenen Champollion über die Hieroglyphen characterisiren können, als durch das so glücklich gewählte Motto des Plinius: *Nitor verius quam splendor*, «Mehr Schimmer als leuchtender Glanz». In der That sind wir nur durch Champollions Entdeckungen aus der finsteren Nacht, welche die Litteratur der alten Ägypter bedeckte, in eine, bis jetzt noch sehr spärliche, Dämmerung getreten, wie diese ist, wenn sich am frühsten Morgen sich die Umrisse ferner Gebirge noch kaum von dem Helldunkel des Horizontes trennen. Vieles, fast noch alles bleibt zu thun übrig, ehe man dahin kommen wird etwas heller zu sehen. Die ersten Versuche Champollions, die er in seinem Briefe an Herrn Dacier 1822[163] bekannt machte, sind unstreitig der gediegenste Theil seiner Arbeiten über die Hieroglyphen. Es ging ihm aber wie dem eifrigen Bergmann, der, wenn er irgendwo eine kärgliche Goldader entdeckt hat, trotz seines Eifers die fernere Spur derselben verliert, und nun mit gieriger Hand und mit fruchtloser Mühe im tauben Gesteine fort arbeitet.

Die Entdeckung des phonetischen Alphabets, die Champollion in den Stand setzte Griechische, Römische und auch einige Ägyptische Eigennahmen zu lesen, mußte allgemein Beifall finden, denn sie war in allen ihren Theilen erwiesen. Dieses Alphabet setzte jeden neugierigen Leser in den Stand, auf dem vom Entdecker vorgezeichneten Wege fort zu gehen, und es auf den Monumenten selbst zur Entzifferung solcher Eigennahmen mit Glück

---

162   Hodgson: Notice of Ádi Buddha and of the Seven Mortal Buddhas.
163   Bon-Joseph Dacier (1742–1833), Historiker und Philologe, Mitglied der Académie française, Herausgeber des *Journal des savants*. Hier ist gemeint Champollions *Lettre à M. Dacier relative à l'alphabet des hiéroglyphes phonétiques*. Paris: Firmin-Didot 1822. 44 S.

anzuwenden. Ein litterarischer Zeitvertreib, der gewisser maßen das damals schon aus der Mode kommende Casse-tête chinois[164] ersetzte, nur mit dem Unterschiede, daß bei jenem die Stücke nicht immer so gut an einander paßten als bei diesem. Die Gewissenhaftigkeit und der regelmäßige Gang der Demonstration welche in dem Briefe an H. Dacier nicht zu verkennen waren, konnten nicht anders als ein günstiges Vorurtheil für diesen Verfasser erwecken, und man durfte sich mit der Hoffnung zu schmeicheln, daß der, welcher seine Laufbahn so rechtlich angefangen hatte, auch auf derselben eben so rechtlich und redlich fortwandeln werde. Äußere Umstände, die Beschränktheit der Menge und der Neid der französischen Gelehrten zwangen ihn aber bald auf Abwege zu gerathen. Seit mehr als zehn Jahren hatte Champollion mit Eifer über die Hieroglyphen gearbeitet, ohne jedoch zu einem Resultate zu gelangen; vielmehr hatte er es versucht, bei seiner keineswegs glücklichen Lage, von den gelehrten Instituten Frankreichs oder von der Regierung Unterstützung zu erlangen. Endlich leitet ihm des Engländers Young Idee, tonangebende Zeichen in der ägyptischen Schrift zu suchen, auf die Entdeckung des phonetischen Alphabets, er macht sie bekannt, beweißt ihre Richtigkeit, wird allgemein bewundert, aber man thut nichts für ihn. Wo er um Unterstützung anfrägt, erhält er zur Antwort: «Sie lesen ja nur Eigennahmen; erst wenn Sie dahin gekommen seyn werden, Texte zu entziffern, können Sie auf academische Ehrenstellen und pecuniäre Belohnungen Anspruch machen.» Natürlich mußte da dem Manne der Muth sinken.

Hätte er seine Entdeckung vor achtzig oder neunzig Jahren machen können, so würde er mit Belohnungen überhäuft worden seyn. Das einzige was er jetzt von der Französischen Regierung erhalten konnte, war das Versprechen, daß, wenn er ein Werk über die Entzifferung der Hieroglyphen schriebe, man es in der Königlichen Druckerei unentgeldlich drucken, und dann sehen wolle was für ihn zu thun sey. Geschäftige Freunde riethen ihm, das Eisen zu schmieden weil es an der Zeit sey und einen *Précis du Système hieroglyphique des anciens Egyptiens* heraus zu geben. Champollion ward nun bei Hofe und den höheren Zirkeln wie eine Art Zauberkünstler oder Faiseur de tours de passe-passe vorgestellt; Herrn und Damen drängten sich um ihn und baten um die Entzifferung ägyptischer Pasten die in ihren Busennadeln prangten. In Gegenwart des diplomatischen Corps und der besten Gesellschaft und ihre Pässe für die Ewigkeit dem neuen Hierophanten überreicht, den man zwang sie aus dem Stegereif abzulesen und zu erklären. Wenn nun bei diesem abgeschmackten Treiben dem armen Champollion auch nicht das Verständnis der Ägyptischen Schrift weiter eröffnet wurde, so ward ihm doch das Decipiatur mundus klar, und er gewiß wider seinen Willen zum Charlatan gestempelt. Stets gezwungen das zu erklären, was er nicht verstand, scheint es daß er bald anfing selbst an seine Erklärungen zu glauben und ein Opfer eigener Täuschung ward.

Indessen ging der Gang des Druckes des Précis langsam fort und ward erst 1824 vollendet. Dieses Werk ist ein sonderbares Gemisch von wirklichen Entdeckungen und unhaltbaren Behauptungen. Zu einem *Précis du système hieroglyphique* fehlten noch die ersten Elemente, und doch zwang eine eiserne Nothwendigkeit den Verfasser ein solches System in die Welt zu schicken, wenn er nicht wollte, daß alle seine Bemühungen um das Studium der Hieroglyphen für ihn selbst unfruchtbar würden. Er war genöthigt in diesem Buche Grundsätze aufzustellen, von welchen der Gang seiner Untersuchungen in demselben Werke ihn häufig abzugehen nöthigte. Aus dieser Ursache ist ein beständiges Schwanken in den Behauptungen des Verfassers nicht zu verkennen das er selbst in Hinsicht des phonetischen Alphabets nicht hat vermeiden können. So ist bei ihm das Auge ohne Brauen bald ein s, bald ein Vocal; und bald bezeichnet es das Glied selbst welches es vorstellt. Die letztere Annahme ist aber dem von H. Champollion aufgestellten Grundsatze schnurstracks entgegen «daß die einmal als phonetisch anerkannten Zeichen ihren phonetischen Valor in allen hieroglyphischen Texten beibehalten.» – Ein Zeichen das H. Champollion bald ein Blatt bald eine Feder nennt, ist in seinem Alphabet

---

164 Tangram, 七巧.

ein s; anderweitig bezeichnet es die Göttin Sate oder Juno und später Toné oder Themis. – Eine
fliegende Ente oder Gans drückt einmal den Vocal e oder ie aus, dann wieder in vielen Texten
ein p. – Eine zirkelfömige Figur wird zuerst für ein r gegeben, dann für ch, für u oder ooh, und
bezeichnet endlich die Sonne. – Ein Arm dessen Hand einen Hacken hält ist hier ein Vocal, dort
bedeutet er leiten, Leiter. – Ein Widder bezeichnet den Buchstaben b, dann wieder Leben oder
Geist. – Eine Räucherbüchse ist ein b, bedeutet aber auch Anbetung, Verehrung, – Die
Schwalbe bezeichnet bald den Consonanten dsh, bald den Vocal ô. Eine Menge ähnlicher
Abnormitäten und Abweichungen von der festgesetzten Regel, beweisen wie wenig man auf
die Angaben des H. Champollion fussen kann.

Was die symbolischen und ideographischen Hieroglyphen betrifft so eröffnet sich bei diesen
noch ein viel weiteres Feld gewagte und unstatthafte Behauptungen. Um hier das Ansehen zu
haben auf einer festen Grundlage zu arbeiten, hat der verstorbene Champollion sich genöthigt
gesehen eine neue ägyptische Mythologie aufzustellen, die mit der, welche wir fragmentarisch
aus den Schriften der Alten ziehen können, wenig oder gar nichts gemein hat. Die Materialien
zu diesem mythologischen Systeme behauptet Champollion in den graphischen Denkmälern
der Ägypter gefunden [zu] haben, und er benutzt nun jene Systeme um diese zu erklären, also
das unbekannte durch das Unbekannte. Der Raum erlaubt es nur nicht in die vielen Einzelheiten
einzugehen, die H. Klaproth in seiner Kritik auseinandersetzt. Sie lassen sich auch nicht ohne
Hülfe der hieroglyphischen Zeichen dem Leser genügend darstellen. Es sei mir hier nur erlaubt
die oft gemachte Bemerkung zu wiederholen, daß wenn H. Champollion wirklich im Stande
gewesen wäre, die Hieroglyphen Schrift zu übersetzen und zu erklären, der wahre Probierstein
seiner Kunst die Inschrift von Rosette seyn mußte, weil er die einzige ist, von der wir die
griechische gleichzeitige Übersetzung besitzen. Aber diese Klippe hat er stets weislich
vermieden, um nicht an derselben einen gänzlichen Schiffbruch zu leiden. In der That, sehen
wir auch durch die von H. Klaproth gemachte Zusammenstellung der hieroglyphischen Zeichen
einer Zeile der erwähnten Inschrift und der wenigen ungewissen wo man in über einem Theil
dieser Zeilen in den Schriften Champollions findet, daß es ihm unmöglich gewesen den Inhalt
des Monuments mit den ihm zu Gebote stehenden Hilfsmitteln nur einigermaßen zu deuten.

Das Bewußtsein seiner Schwäche hat Champollion stets abgehalten auf gegründete Einwürfe
gegen seine Hypothesen zu antworten; er hat nur diejenigen seiner Gegner öffentlich zu bekämpfen gesucht, die ihn mit unhaltbaren Gründen angefochten haben, oder deren Unbe-
hülflichkeit er genugsam kannte, um nichts von ihnen befürchten zu dürfen. Was diejenigen
Personen betrifft, die auf die Gewissenhaftigkeit seiner Arbeiten, auf die Richtigkeit seiner
Angaben sich mit Untersuchungen über die Hieroglyphenschrift beschäftigt haben, so begreifen
wir wohl daß es ihnen jetzt schwer fallen muß [auf] die Illusion zurück zu kommen, in der sie
eine Zeitlang gelebt haben. Wir glauben daher, daß weder sie, noch entschiedene Gegner
Champollions, werden als Schiedsrichter zwischen dem verstorbenen und den Verfassern der
Kritik seiner Arbeiten auftreten werden; weil es natürlich beiden an Unpartheilichkeit fehlen
muß. Es steht also zu hoffen, daß es anderen überlassen werde, das Wort in dieser
Angelegenheit zu führen, die nicht vor ihr Forum gehört.[165]

---

165   Dies ist eine Besprechung von Klaproth: *Examen critique des travaux de feu M. Champollion sur les hiéroglyphes.*
        Paris: Librairie orientale de Dondey-Dupré 1832. VIII, 175 S. Sie ist hier nach dem Manuskript wiedergegeben; sie
        findet sich abgedruckt in der *Allgemeinen Literatur-Zeitung* (Halle) 1834:37, Sp. 284–292 (Chiffre: w.)

Ergänzungen zum Schriftenverzeichnis Julius Klaproth (1783–1835)[166]

Julius Klaproth war eine schillernde Figur. Seine unbesiegbare Neigung zu Sprachen machte alle Bemühungen des Vaters zunichte, ihn zu einem Naturwissenschaftler heranzubilden. Statt für die Schule zu lernen, beschäftigte er sich auf der Königlichen Bibliothek mit dem Chinesischen, machte keinen Universitätsabschluß, wurde aber trotzdem Adjunkt der Petersburger Akademie der Wissenschaften, Mitgründer der Pariser Société asiatique und 1816 Professor der asiatischen Sprachen an der Universität Bonn. Freilich war ihm das Provinzstädtchen für seine Forschungen ungeeignet, und er erwirkte durch die Protektion der Brüder Humboldt ein preußisches Stipendium, das ihm erlaubte, in Paris, dem damaligen Zentrum der Orientalistik, mit einer gut ausgestatteten Druckerei, zu leben und zu arbeiten. Dort begründete er zusammen mit seinem Freund J. P. Abel-Rémusat (1788–1832), dem ersten Inhaber eines sinologischen Lehrstuhls in Europa, die wissenschaftliche Sinologie. Man darf ihn füglich als Asiatologen bezeichnen, denn wenige asiatische Sprachen schloß er aus seinen Arbeiten aus. Seine Schwerpunkte waren jedoch China und Zentralasien, Japan und der Kaukasus, den er im Auftrage der Russischen Akademie erforscht hatte. Neben den Sprachen waren es vor allem die Geschichte und Geographie Asiens, die ihn beschäftigten, und wir verdanken ihm an die 400 geographische Karten, für die er u.a. die chinesischen Reichskarten heranzog. Sein Schriftenverzeichnis hat an die 300 Nummern; er führte einen ausgedehnten Briefwechsel und liebte die Gesellschaft, so daß man sich unwillkürlich fragt, ob noch Zeit zum Schlafen blieb ...

Trotz der umfangreichen und für die Zeit maßgebenden Forschungen war Klaproth bei den Kollegen nicht beliebt, sondern wegen seiner strengen Kritik eher gefürchtet. Es ist richtig, daß sich China als Tummelplatz für Scharlatane anbot, aber Klaproths Kritik machte auch ernsthaften Gelehrten (und Anfängern) nicht selten das Leben schwer. Selbst den Humboldts war Klaproths „Ätzigkeit" bekannt, sie hatten es aber aufgegeben, ihn toleranter zu stimmen. Insofern hat sich ein negatives Bild von ihm bis heute tradiert: In Frankreich hielt man ihn für einen preußischen Spion: es war ja wohl nicht denkbar, daß die preußische Regierung einen Residenten in Paris nur zum Zwecke orientalischer Studien unterhielt! Als er Petersburg verließ, wurde er der Undankbarkeit und Grobheit geziehen und des Bücherdiebstahls verdächtigt (in der Tat fanden sich in seinem Nachlaß aus Petersburg entliehene Bücher). Und seine Kritik wurde ihm um so weniger verziehen, je berechtigter sie sein mochte.

Insofern hat es über 150 Jahre gedauert, bis ein Versuch gemacht wurde, Klaproths Werk und Wirken zu dokumentieren. Die Grundlage dafür bilden vier von H. Walravens bearbeitete Bände:

Julius Klaproth (1783–1835). Leben und Werk. Wiesbaden: Harrassowitz 1999. X,230 S. (Orientalistik Bibliographien und Dokumentationen 3.)
Der Band enthält biographisches Material, ein Schriftenverzeichnis und Information über den Nachlaß.

Julius Klaproth (1783–1835): *Briefe und Dokumente.* Wiesbaden: Harrassowitz 1999. 235 S. (Orientalistik Bibliographien und Dokumentationen 4.)
Die ermittelten Briefe sind in chronologischer Folge präsentiert; einige seltene Schriften sind als Anhang abgedruckt.

---

166   Ergänzte und revidierte Fassung von: Ergänzungen zum Schriftenverzeichnis Julius Klaproth (1783–1835). *Auskunft* 33.2013, 73–90. – Die Hinweise in Winkelklammern beziehen sich auf das Schriftenverzeichnis in „Leben und Werk".

Zur Geschichte der Ostasienwissenschaften in Europa. Abel Rémusat (1788–1832) und das Umfeld Julius Klaproths (1783–1835).
Wiesbaden: Harrassowitz 1999. 183 S. (Orientalistik Bibliographien und Dokumentationen 5.)
Inhalt:
J. P. Abel Rémusat (1788–1832) – kursorisches Schriftenverzeichnis
Paul Schilling von Canstadt (1786–1837)
Heinrich Kurz (1805–1873)
Pierre François Mourier (1746–1836)
Adelbert von Chamisso (1781–1838), Augusta Klaproth (1785–1856) und August Varnhagen von Ense (1785–1858)
Julius Klaproth und die Société asiatique
Antoine Jean Saint Martin (1791–1832)
Karl Friedrich Neumann (1798–1870)

Als Ergänzungsband (mit revidierter und vervollständigter Bibliographie) erschien:
H. Walravens: *Jean-Pierre Abel Rémusat (1788–1832). Zu Leben und Werk eines Wegbereiters der Ostasienwissenschaften.*
Norderstedt: BoD 2020. 153 S.

Julius Klaproth (1783–1835): *Briefwechsel mit Gelehrten, großenteils aus dem Akademiearchiv in St. Petersburg.* Wiesbaden: Harrassowitz 2002. XVII,216 S. (Orientalistik Bibliographien und Dokumentationen 18.)
Die Korrespondenten waren S. S. Uvarov, Heinrich Kurz, Samuel Butler, Schilling von Canstadt, Ladislaus Endlicher, Christian Martin Frähn, E. F. Jomard, Stanislas Julien, Philipp Fr. von Siebold, Altenstein, K. F. Neumann, Heinrich Berghaus, Nikolaus Fuß, H. H. Wilson, Jan Potocki und Carl Ritter.
Mit:
Ergänzungen zum Schriftenverzeichnis J. Klaproth
Namenregister zu Klaproth: Briefe und Dokumente
Register zu «Bemerkungen über die Chinesisch-Russische Gränze»

Die Nachträge zum Schriftenverzeichnis des Orientalisten Julius Klaproth haben inzwischen einen Umfang angenommen, daß es sinnvoll erscheint, sie geordnet und zusammengefaßt zugänglich zu machen. Sie sind chronologisch geordnet; ggf. sind Querverweise (in Winkelklammern) zu Klaproth: *Leben und Werk* (1999) gegeben.

1   [Sergej Semenovič Uvarov:] *Projet d'une académie asiatique.*
    ... Juvat integros accedere fontes. LUCRET.
    St.-Pétersbourg: Alexandre Pluchart 1810. 50 S. 4°
    [Widmung:] A Son Excellence Monsieur le Comte Alexis de Rasoumoffsky, Ministre de l'Instruction Publique, etc. etc.
    S. 41: Mr. Klaproth qui a rédigé le tableau de la littérature chinoise et mandchoue (N°II) et fourni beaucoup de matériaux pour la seconde partie de cet essai, unit la connoissance de plusieurs langues orientales, et particulièrement du chinois, à une très-grande sagacité.
    Der Text schreibt Kl. auch Tableau I und III zu. Tafel IV (Hebräisch) stammt von I. Fessler.

2   Deutsche [gekürzte] Ausgabe des vorigen:
    [Uvarov:] *Ideen zu einer Asiatischen Akademie.*
    St. Petersburg: A. Pluchart und Comp. 1811. IV, 86 S., 4 Klapp-Taf.

3 Bruchstück aus der Beschreibung der Reise nach dem Kaukasus von Herrn Hofrath J. v. Klaproth.
Zeitung für die elegante Welt 1811, 1777–1782, 1785–1790, 1795–1799, 1801–1806

4 Ergänzung zu <25a>
Register zu «Bemerkungen über die russisch-chinesische Gränze».
H. Walravens: *Julius Klaproth (1783–1835): Briefwechsel mit Gelehrten ...* 2002, 205–209

5 Reise von St. Petersburg in den Kaukasus und nach Georgien in den Jahren 1807 und 1808 von Jul. von Klaproth.
Journal für die neuesten Land- und Seereisen 15.1812, 147–178, 181–220, 329–362; 16.1814, 80–97, 101–141 (Fortsetzung folgt)

6 Reise von Tiflis zu den Quellen des Flusses Terek auf dem Kaukasus im Jahre 1808. Von dem Hrn. Hofrath J. von Klaproth.
Journal für die neuesten Land- und Seereisen 14.1812, 347–386
Karte: Asien nach den neuesten Beobachtungen. Gestochen bei C. Mare in Berlin.

7 Ergänzung zu <76>: Zamečanija o kitajsko-russkoj granice, sobrannye Juliem Klaprotom vo vremja putešestvija po onoj v 1806 g. Per. s nem. D. Jazykova.
Severnyj archiv 6.1823:9, S. 184–204; 10, S. 253–277; 11, S. 328–346: 12, S. 413–432
Aus *Archiv für asiatische Litteratur, Geschichte und Sprachenkunde*. St. Petersburg 1810, 158–224 <12>

8 Jean Baptiste Grosier: *De la Chine*. 3rd ed. T. 1.
Paris: Pillet 1818, LXXIII–LXXX
Brief an Grosier, dat.: Paris ce 22 mars 1818

9 [Berichtigung zu <77>]
Čto takoe *Tatary*?
Severnyj Archiv 6.1823:11, S. 301313
Aus *Asia polyglotta*. Paris 1823 <60>

10 Beiträge zur neusten Militair-Geschichte Asiens. Nach den besten Quellen bearbeitet von Louis de L'Or. (Mit einer Kupfertafel u. einer militair.-statist. Tabelle.)
Zeitschrift für Kunst, Wissenschaft und Geschichte des Krieges [Berlin] 1.1824, 35–72, 118–131; 3.1825, 75–96, 147–165, 350–371
[Gez.:] Louis de l'Or
Das Motto der Zeitschrift [Titelbl. von Bd 3.1825] ist übrigens: Suum cuique! Klaproth verwendete diesen bekannten preußischen Wahlspruch auch als Titel einer kleinen Streitschrift <26a.70>.

11 Vulkan im Innern von Asien.
Hertha 1.1825, Geogr. Ztg. 88–90
Klaproth
[*Bulletin des sciences géographiques* etc. 1824. Juli. S. 34 und 35.]

12 Philipp Nasarow's Dolmetschers in Diensten der russischen Regierung Reise nach Chokand in den Jahren 1813 und 1814 nach der französischen Bearbeitung und mit den Anmerkungen des Hrn. J. v. Klaproth im ersten Heft des Magasin Asiatique (Octobre 1825)
Hertha 3.1825, 571–632

13 Auszug aus einem Schreiben des Herrn Professor Jul. Klaproth, an Berghaus.
Hertha 3.1825, 45

14 Klaproth's Untersuchungen über die von Marco Polo besuchten Häfen Gampou und Zeithum.
Hertha 5.1826, Geogr. Ztg. 252–258

15 Julius von Klaproth über Arrowsmith's neue Karte von Asia von 1822 (Aus dem Journal asiatique Nr. 43, und den Druckbogen von Nr. 44).
Hertha 5.1826, 149–165

16 H. J. von Klaproth Über die Hunnen. Auszug aus dessen Untersuchungen über die Völkerwanderung oder der letzten Lieferung der Tableaux de l'Asie.
Hertha 5.1826, 166–181

17 Mir I'sset-Uellah: Reise nach Mittelasien im Jahre 1812.
Hertha 6.1826, 324–356
Mit Fußnoten von Klaproth.

18 Beschreibung der Inseln Mu nin sima
Hertha 6.1826, Geogr. Ztg. 38–43
Journal asiatique. 40e cahier. Artikel von Herrn von Klaproth.
Eine Anmerkung ist D[onndor]f gezeichnet, der wohl der Übersetzer war.

19 Über die Identität der Thu chiu und der Hiung nu mit den Türken.
Hertha 6.1826, Geogr. Ztg. 50–53
Auszug aus dem Journal asiatique Nr. 41. Artikel von H. v. Klaproth.

20 Reise von Buchtarminsk nach Guldscha oder Ili, i. J. 1811 von Putimtsew, kaiserlich russischem Dolmetscher, unternommen. Mit den Noten des Herrm von Klaproth.
Hertha 6.1826, Geogr. Ztg. 85–116

21 Schreiben des Hrn. Jul. v. Klaproth an Hoffmann über Timkowski's Reise nach Peking.
Hertha 6.1826, Geogr. Ztg. 148–152
J. v. Klaproth

22 Über den Lauf des Yaru Dsangbo Tschu oder des großen Stromes von Tibet, nebst Nachrichten über die Quelle des Burramputer. Von J. von Klaproth.
Hertha 7.1826, 155–171

23 Drevnija nadpisi suščestvujuščija s Armenii.
Azijatskij Vestnik 1826, II, 54–71 [Aus *Memoire d'Ousk'Herdjan.* 1818. <42>]
[„Alte erhaltene Inschriften aus Armenien."]

24 Des Herrn Klaproths Denkschrift über die Quellen des Brahmaputra und Irawaddy.
Hertha 12.1828, Geogr. Ztg. 153–155

25 Deutsche Übersetzung des Confucius.
   Leipziger Literatur-Zeitung 1828, 1812–1813
   Paris, d. 18. Julius 1828. Klaproth
   [Zu Wilhelm Schotts Übersetzung.]

26 The trade of Russia with China (written in 1823, by M. Klaproth.)
   The Oriental Herald and journal of general literature 20.1829, 311–321

27 Voyage dans les steps d'Åstrakhan et du Caucase, par M. le comte J. Potocki, Paris 1830
   Hertha 14.1829, 105–137 (D[onndorf])

28 Klaproth's Bericht über Hrn. v. Siebold's Abhandlung über den Ursprung der Japaner. (Vorgelesen in der Versammlung der asiatischen Gesellschaft in Paris, am 6ten Julius 1829.)
   Annalen der Erd-, Völker- und Staatenkunde 2.1830, 321–353

29 Sur les volcans du Japon, par M. Klaproth.
   Annales de chimie et de physique 35.1930, 348–354
   [Im Anschluß an einen ungez. Beitrag von Humboldt, 337–348: Sur les volcans de l'Asie
   centrale.]

30 J. Klaproth's Bericht über des P. Hyacinth Bitschurinski Werke in Beziehung auf die
   Geschichte der Mongolen [d.i. *Zapiski o Mongolii* 1828 und *Istorija pervych četyrech chanov*.
   1829] Ein Vortrag gehalten in der asiatischen Gesellschaft zu Paris. (Aus der französischen,
   von dem Hrn. Verfasser unterm 23sten Oktober 1830 mitgetheilten Urschrift übersetzt.)
   Annalen der Erd-, Völker- und Staatenkunde 3.1831, 77–98
   Vgl. <226. 228> für die französische bez. russische Fassung

31 Untersuchungen über das Land Fu sang, welches in den chinesischen Büchern erwähnt wird
   und irriger Weise für einen Theil Amerika's gehalten worden ist. Von J. Klaproth in Paris. (Aus
   der von dem Hrn. Verf. mitgetheilten, französischen Urschrift übersetzt.)
   Annalen der Erd-, Völker- und Staatenkunde 4.1831, 385–394
   Vgl. Recherches sur le pays de Fou Sang, mentionné dans les livres chinois et pris mal à propos
   pour une partie de l'Amérique, par M. J. Klaproth. NAV 1831

32 Über die Vulcane in Japan. Von Hrn Julius Klaproth (Annal. de chim. et de phys. T. XLV
   [1830], p. 348).
   Annalen der Physik und Chemie 21.1831, 331–336

33 Dependencies of the Chinese empire.
   Asiatic journal NS 5.1831, 182–185
   Klaproth
   Translated from *Le Temps* of May 30.

34 To the editor.
   Asiatic journal NS 5.1831, 266
   Paris, 15th July 1831. J. von Klaproth
   [Replik zu K. F. Neumann]

35 An inquiry into the country of Foo-sang, mentioned in Chinese books. By M. J. Klaproth
   Asiatic journal NS 5.1831, 298–303

36 [Rez.] Essais sur la philosophie des Hindous, par M. H.-F. Colebrook, traduits par M. G.
   Pauthier. Paris, in-8. 1re partie.
   L'Europe littéraire I.1833, 65–66
   [Gez.:] Klaproth

37 Nouveau voyage au Japon. Extrait du journal inédit de M. Van Overmeer Fischer.
   L'Europe littéraire I.1833, 86–87, 131; II.1833, 152–155, 181–183, 200–202
   [Gez.:] Klaproth

38 Vente aux enchères de la bibliothèque de M. Abel Rémusat.
   L'Europe littéraire I.1833, 174
   [Gez.:] Klaproth

39 Voyage scientifique à Peking, par Bunge.
   L'Europe littéraire I.1833, 199
   [Gez.:] Klaproth

40 Mœurs pittoresques des universités allemands.
   L'Europe littéraire III.1833, 129–134 (gez.: K. L.), 148–151, 174–177 (letztere anonym)

41 Mœurs universitaires.
   Nouvelle Revue germanique 13.1833. 247–254
   H. K.

42 Übersichtliche Darstellung, etc.: Tableau sommaire du Droit public de la Prusse, par Alexandre
   Mirus. Berlin 1833, un volume in-8°. Prix: 7 fr. 50 c. (L'ouvrage est dédié à M. de Kamptz,
   ministre de la justice.)
   Nouvelle Revue germanique 14.1833, 279–280
   H. K.

43 Über den vermeintlichen Ursprung des Namens der Mandshu.
   Haude & Spenersche Zeitung. 8.12.1834, Nr 287
   [Gez.:] Klaproth

44 Notice sur le dictionnaire intitulé: Miroir des langues mandchoue et mongole, par M. Abel-
   Rémusat.
   *Notices et extraits des manuscrits de la bibliothèque du roi et autres bibliothèques; publiés par
   l'Institut royal de France* 13.1838, 1–125
   [Mit Anmerkungen von Klaproth im ersten Teil (nach Klaproths Tod fortgesetzt von Clerc de
   Landresse).]

45 [Über die Karte von Zentralasien.]
   A. de Humboldt: *Asie centrale.* Recherches sur les chaines de montagnes et la climatologie
   comparée. Paris: Gide, I.1843, XXV–XXVI [aus einem Brief an Humboldt]

46 Phénomenes volcaniques en Chine, au Japon et en d'autres parties de l'Asie orientale, par M.
   Klaproth.

A. de Humboldt: *Asie centrale*. Recherches sur les chaines de montagnes et la climatologie comparée. Paris: Gide, II.1843, 519–550
M. Stanislas Julien a enrichi cette notice de plusieurs textes nouveaux; il a aussi corrigé avec beaucoup de soin la traduction des textes anciens dont M. Klaproth n'avait pas indiqué les sources.
Dazu: 551–552: Additions de M. Stanislas Julien.
1. Volcan dans le Fou-nan
2. Montagne volcanique sortie du milieu de la mer (Encyclopedie japonaise liv. 56, fol. 14 recto.)

47 *Die National-Literatur sämtlicher Völker des Orients. eine prosaische und poetische Anthologie aus den besten Schriftstellern des gesamten Orients mit erläuternden, kritischen, literarischen und biographischen Notizen*; herausgegeben von Anton E. Wollheim da Fonseca. II.
Berlin: G. Hempel 1873.

   662– Klaproth: Sprüche aus dem Ming hiandsi
   664– Klaproth: Chien-lung: Lob der Stadt Mukden
   686– Klaproth: Die Geburt Çakjamuni's
   771– Klaproth: Annalen der japanischen Kaiser

48 Hic et ubique ou vestiges de la langue primitive recueillis dans le Chinois. Dédié à M. Louis de l'Or, ancien officier de cavalerie. Par J. Klaproth
   Revue Orientale et Américaine NS 2.1878, 337–343
   Vgl. <326>

49 La langue des Kirghiz. Par J. Klaproth.
   Revue Orientale et Américaine NS 2.1878, 227–238
   Vgl. <117>

50 Une visite chez les Chinois à Kiakhta. Extrait des lettres d'une dame russe; par J. Klaproth.
   Revue Orientale et Américaine NS 3.1879, 223–240

51 Deutsche Übersetzung des Confucius <170. 175b>
   H. Walravens: *Julius Klaproth (1783–1835). Briefe und Dokumente*. Wiesbaden. Harrassowitz 1999 (Orientalistik Bibliographien und Dokumente 4), 163–164
   Aus: *Heidelberger Jahrbücher der Literatur* 21 (= NF 8).1828, 624 (bei den Verlagsanzeigen)

52 Quid non audebis perfida lingua loqui! <28>
   Deutsche Übersetzung des Confucius <170. 175b>
   H. Walravens: *Julius Klaproth (1783–1835). Briefe und Dokumente*. 1999, 164–166

53 Von den deutschen Universitäten und ihrer nothwendigen Unterdrückung <299a>
   Deutsche Übersetzung des Confucius <170. 175b>
   H. Walravens: *Julius Klaproth (1783–1835). Briefe und Dokumente*. 1999, 166–172

54 Vorwort zum Vaterlandsfreund <117>
   Deutsche Übersetzung des Confucius <170. 175b>
   H. Walravens: *Julius Klaproth (1783–1835). Briefe und Dokumente*. 1999, 172–174

55 Ehrenrettung Stephan Fourmonts <27>
   H. Walravens: *Julius Klaproth (1783–1835). Briefe und Dokumente.* 1999, 174–178

56 Lettre M. Auguis <274>
   H. Walravens: *Julius Klaproth (1783–1835). Briefe und Dokumente.*1999, 179–181

57 Über Jean Potocki's Archipel im nördlichen Theile des gelben Meeres <52>
   H. Walravens: *Julius Klaproth (1783–1835). Briefe und Dokumente.*1999, 181–186

58 Die russische Gesandtschaft nach China im Jahre 1805 <11>
   H. Walravens: *Julius Klaproth (1783–1835). Briefe und Dokumente.*1999, 187–203

59 Aufnahme der russischen, nach Peking bestimmten Gesandtschaft in der Mongolei. Aus dem
   Tagebuche eines russischen Beamten, der dieselbe begleitete <175c>
   H. Walravens: *Julius Klaproth (1783–1835). Briefe und Dokumente* 1999, 204–235

60 Über den vermeintlichen Ursprung des Namens der Mandshu
   H. Walravens: Julius Klaproth (1783–1835): *Briefwechsel mit Gelehrten, großenteils aus dem
   Akademiearchiv in St. Petersburg.* 2002, 199–200

Rezensionen

61 [Rez.] *Archiv für asiatische Litteratur, Geschichte und Sprachenkunde.* Verfaßt von Julius von
   Klaproth. St. Petersburg 1810.
   (Münchener) Gelehrte Anzeigen 1845, 866–867
   Zu <12>

62 [Rez.] Beleuchtung und Widerlegung der Forschungen über die Geschichte der
   Mittelasiatischen Völker des Herrn J. J. Schmidt von J. Klaproth. Paris: Dondé-Dupré, Vater
   und Sohn, 1824. 115 S. 8°
   Journal asiatique. Quinzième cahier. 3ème de la 2nde année 1823.
   Histoire du Kaschmir traduit de l'original sanscrit par M. H. Wilson extraite par M. Klaproth à
   Paris. 1825. 56 S. 8°
   *Heidelberger Jahrbücher der Literatur*1825, 983–1001
   Schlosser
   Zu <86. 110. 123h>

63 Razsmotrĕnie melkich sočinenij Julija Klaprota ob Azijatskoj istorii (iz Heidelberger
   Jahrbücher der Literatur).
   Azijatskij Vestnik 1826, I, 290–301,347–353; II,145–151,230–236
   Šlesser   Sokraščenno s nĕmec. V. A.

64 O predprijatom g. Klaprotom izdanii Azijatskago Magazina.
   Azijatskij Vestnik 1826, I, 341–345
   Zu <108.118>

65 [Rez.] Goulianoff: Lettre sur la découverte des hiéroglyphes acrologiques. 1827.
   Leipziger Literatur-Zeitung 1827, 673–675
   Zu <143>

66 [Rez.] Tableau historique, géographique, ethnographique et politique du Caucase et des provinces limitrophes entre la Russie et la Persie, par M. Klaproth.
Leipziger Literaturzeitung 1828, 2677–2679
Zu <140>

67 [Rez.] Tripartitum s. de analogia linguarum libellus. Viennae 1820–1823.
Leipziger Literaturzeitung 1827, 2401–2410
Zu <48–48c>

68 Chrestomathie mandchou.
L'universel[167] 1829, 16
Zu <174>

69 Nouvelle carte de l'Asie.
L'universel 1829, 44, 48
Zu <194h. 197.208>

70 Table alphabétique du Journal asiatique.
L'universel 1829, 96
Zu <201>

71 Fo Rue Ki [!]
Bll. für literarische Unterhaltung 1838, 944 (47.)
Zu <307>

72 Anciens mss. égyptiens et mexicains.
NAV 34.1827, 144

73 Übersicht der endlichen Entdeckung des hieroglyphischen Alphabets der Herren Young und Champollion.
Allgemeine Preußische Staatszeitung. Beilage 114. 25. April 1829
Vgl. dazu: *Briefwechsel zwischen Wilhelm von Humboldt und August Wilhelm Schlegel.* Hrsg. v. A. Leitzmann. 1908, S. 221, Nr 234

74 *Collection d'antiquités égyptiennes recueillies par M. le chevalier de Palin*[168], publiées par MM. Dorow et Klaproth en 33 planches, auxquelles on en a joint une trente-quatrième représentant les plus beaux scarabées de la collection de M. J. Passalacqua[169], précédée d'Observations critiques sur l'alphabet hiéroglyphique découvert par M. Champollion le jeune, et sur le progrès fait jusqu'à ce jour dans l'art de déchiffrer les anciennes écritures égyptiennes. Avec deux planches. Par M. J. Klaproth. Paris: Gide fils, rue Saint-Marc-Feydau, no. 20. 1829. [2],40 S., 36 Taf. 4°
Heidelberger Jahrbücher der Literatur. 22.1829, 902–909 (Christian Bähr)
Blätter für literarische Unterhaltung 1830,II, 835–836
Zu <203>

---

167   *L'universel.* C. Landresse, gérant. Nr 1–45 (Jan./Febr.)

168   Nils Gustaf Palin (1765–1842). Klaproth besaß sein *De l'étude des hiéroglyphes; fragments* (par le C. de Palin). Paris: Delaunay 1812. 5 tomes. (Cat. Klaproth, 1316).

169   Vgl. *Catalogue annoté et historique des antiquités découvertes en Egypte*, par M. Jos. Passalacqua, de Trieste. Paris 1826 (Bibliothek Klaproth, Nr 1298). – P. war ein Kaufmann aus Triest, der sich in Berlin als Amateur-Ägyptologe betätigte.

75 [Rez.] Opissanïe Tibeta w nynjetnem ego sostojanii […] Sanktpeterburg 1828. 223 S. 8° –
   Description du Tubet, traduite du chinois en russe par le Père Hyacinthe […] (Journal asiatique,
   août et octobre 1829. Paris) 162 S.
   Annalen der Erd-, Völker- und Staatenkunde 3.1831, 209–210
   Zu <196>

76 [Rez.] Description du Tubet, traduite partiellement du chinois ... Paris 1831. 280 S.
   *Annalen der Erd-, Völker- und Staatenkunde*3.1831, 725–736
   Zu <194c. 227>

77 *Examen critique des travaux de feu M. Champollion, sur les hiéroglyphes*, par Mr J. Klaproth.
   Ouvrage orné de trois planches. [Motto:] Nitor verius quam splendor. Plin., Hist. Natur. Paris:
   Librairie orientale de Dondey-Dupré père et fils 1832. VIII,175 S.
   Allgemeine Literatur-Zeitung 37.1834, 289–292 (w.)
   Zu <257>

78 [Rez.] San kokf tsou ran to sets ou aperçu général des trois royaumes. Traduit de l'original
   japonais-chinois, par Mr. J. Klaproth. Ouvrage accompagné de cinq cartes. VI u. 288 S. in 8°.
   Göttingische Gelehrte Anzeigen 1835, 619–620 (H. E[wald])
   Zu <273>

79 [Rez.] Dr. J. A. Güldenstädts *Beschreibung der kaukasischen Länder, aus seinen Papieren
   gänzlich umgearbeitet*, verbessert herausgegeben und mit erklär. Anmerk. begleitet von Jul.
   Klaproth. Berlin: Stuhr 1834. VIII,248 S. gr.8°
   Repertorium der gesammten deutschen Literatur 4.1835, 504–505 (113.)
   Zu <302>

80 Blonde Völker in Mittelasien. [nach Klaproth]
   Ausland 22.6.1842

Sekundärliteratur

81 Champollion und Klaproth.
   Hertha 14.1929, 156–163

82 Jeannot Kettel: *Jean-François Champollion le Jeune: Répertoire de bibliographie analytique
   1806–1989*. Paris: Institut de France, Boccard 1990. (Mémoires de l'Académie des Inscriptions
   et Belles-Lettres NF 10.)
   S. 252 und S. 267

83 Pierre Swiggers: L'étude comparative des langues vers 1830: Humboldt, Du Ponceau, Klaproth
   et le Baron de Mérian.
   Daniel Droixhe, Chantal Grell (Hrsg.): *La linguistique entre mythe et histoire*. München: Nodus
   1993, 275–295

84 H. Walravens: Von der notwendigen Unterdrückung der deutschen Universitäten. Der Berliner
   Universalgelehrte Julius Klaproth und die Königliche Bibliothek.
   Jahrbuch Preußischer Kulturbesitz 31.1995, 225–249

85 Peter Kornicki: *Castaways and Orientalists: the Russian route to Japan in the early nineteenth century.*
Venezia: Università Ca' Foscari 1999. 36 S. (Paolo Beonio-Brocchieri Memorial Lectures in Japanese Studies. 1999.)

86 Peter Kornicki: Julius Klaproth and his works.
Monumenta Nipponica 55.2000, 579–589

87 L. Quilici, R. Ragghianti: Lettres curieuses sur la Renaissance Orientale des frères Humboldt, d' August Wilhelm von Schlegel et d'autres, avec en appendice quelques lettres de Constant, Renan, Thierry et Tocqueville. 2001.
Electronic Library of Historiography
http://www.eliohs.unifi.it/testi/800/quilraggh/index.
Darin: Alexander von Humboldt an Klaproth, 10 janvier 1833, 26 février 1834
Wilhelm von Humboldt an Klaproth, 5 septembre 1812, 25 mai 1824

88 H. Walravens: Siebold and Klaproth – a «literary friendship»?
EAJRS Newsletter 9.2002, 13–18

89 Ernst F. Sondermann: Julius von Klaproths Briefe an Joseph von Hammer.
Tôhoku gakuin daigaku kyôyôgakubu ronshû 東北学院大学教養学部論集 148.2007, 19–53

90 H. Walravens: Notes on the early history of tangram in Germany.
Cubism for fun 72. 2007
http://cff.helm.lu
Dazu: Original manuscript [Klaproths Originalmanuskript]

91 H. Walravens: Julius Klaproth – his life and works; with special emphasis on Japan.
Japonica Humboldtiana 10.2006, 177–191

92 H. Walravens: J. Klaproth: Qi qiao tu hebi (Composing pictures from seven pieces)
Piśmennye pamjatniki vostoka (St. Petersburg) 2 (7) 2007, 21–36

93 H. Walravens: Zur Frühgeschichte des Tangram in Deutschland.
Aus dem Antiquariat NF 6.2008, 242–248

94 H. Walravens: Les recherches sur l'Extrême-Orient au début du XIXe siècle ou Paris, Mecque des orientalistes allemands
Itinéraires orientalistes entre France et Allemagne. (Revue germanique internationale 7.2008), 33–48

95 Frieder Sondermann: Heinrich Julius Klaproth (1783-1835) und Johann Caspar Horner (1774–1834) über Kontakte zwischen Europa und Asien. *Journal of human informatic*s 13.2008, 59–86

96 H. Walravens: Julius Klaproth, Stanislas Julien et les débuts de la sinologie européenne.
Chine et Allemagne. Paris: Actes Sud 2012, 145–155

97 H. Walravens: Julius Klaproth, Stanislas Julien et les débuts de la sinologie européenne. *Idées de la Chine au XIXe siècle entre France et Allemagne.* Paris: Indes Savantes 2014, 145–155 [textidentisch mit vorigem]

98 H. Walravens: Julius Klaproth, Stanislas Julien und die Anfänge der europäischen Sinologie. *Mitteilungsblatt Deutsche China-Gesellschaft* 55.2012, 51–58

99 H. Walravens: Schilling von Canstadt and his correspondence with Julius Klaproth in the IOM. *Written Monuments of the Orient* 2019:2, 105–143

Karten

100 Das Chinesische Reich und das Kaiserthum Japan, entworfen und gezeichnet 1829 nach v. Humboldt, Klaproth und Krusenstern. Umgearbeitet von C. F. Weiland. Weimar: Geogr. Institut 1832. 60 x 42 cm

101 Carte pour servir à l'intelligence des voyages entrepris par Chy Fa Hien, prêtre bouddhiste, entre 399 et 414 de notre ère rédigée par Mr Klaproth. Dessinée par Berthe 1835 Zu: *Fo Koue Ki.* 1836

102 Géorgie primitive, avant l'invasion des Scythes (Khazares) selon les origines géorgiennes de Vakhtang V., VIe siècle avant J. C. publiées par J. de Klaproth. Composé et dessiné par Frédéric du Bois. Neuenburg: Dubois de Montpérieux 1843. 58 x 44 cm.

Namenregister zur Bibliographie

Klaproths Briefe an den Sinologus Berolinensis

Klaproth war für seine Auseinandersetzungen mit anderen Gelehrten und ungelehrten Amateuren bekannt. Zu den frühesten Streitschriften gehören die an Sinologus Berolinensis. Nun wäre das ein geeignetes Pseudonym für Klaproth selbst gewesen, war er doch Berliner, und als Sinologen darf man ihn wirklich bezeichnen. Doch zum Zeitpunkt der Schreiben lebte er in St. Petersburg. Die Identität des Sinologus hatte er freilich schnell erraten, war doch die Anzahl derjenigen, die über eine ernstliche Kenntnis des Chinesischen in Europa verfügten, an den Fingern einer Hand abzuzählen. Hinter dem Pseudonym verbarg sich der chinabegeisterte Jurist und Sprachlehrer Antonio Montucci.[170]

MONTUCCI (Siena 22. Mai 1762–15. März 1829 Siena) studierte Jura in seiner Heimatstadt und war anschließend als Italienischlehrer in Florenz tätig, wo er mit der Familie von Josiah WEDGWOOD (1730–1795), dem Porzellanfabrikanten, bekannt wurde. Dadurch angeregt ging er 1789 nach England, wo er u.a. die Familie Wedgwood im Italienischen unterrichtete. Er entwickelte eine fruchtbare Publikationstätigkeit im Bereich italienischer Literatur und Sprachdidaktik, heiratete die Tochter eines Arztes, Henriette CANTON (†1843), mit der er einen Sohn Enrico (Berlin 1808–1877 Paris, Mathematiker) hatte, und ging 1806 auf Einladung des preußischen Königs nach Berlin, um dessen Familie zu unterrichten. Dies war indes nicht von langer Dauer, da das Königshaus vor Napoleon nach Osten auswich. In der Folge lehrte er an der neuen Berliner Universität, ging dann aber nach Dresden, wo er die folgenden Jahre lebte, bevor er sich entschloß, seinen Lebensabend im heimatlichen Siena zu verbringen. In London hatte er begonnen, sich für die chinesische Sprache zu interessieren, und er lernte die Grundlagen von zwei chinesischen Geistlichen, die am Seminar in Neapel studiert hatten und nun die britische Gesandtschaft nach Peking, die nach ihrem Leiter sog. Macartney-Gesandtschaft, als Dolmetscher begleiten sollten. Er fühlte naturgemäß den Mangel an einem geeigneten Wörterbuch und entschloß sich, ein solches zu erstellen. So baute er eine kleine chinesische Bibliothek auf und ließ von geschickten Graveuren im Laufe der Jahre chinesische Typen in Holz schneiden, insgesamt über 21000. Er war bemüht, für sein Projekt Unterstützung von einem der europäischen Herrscher zu bekommen, aber die Zeiten waren ungünstig. Lediglich Napoleon sah die Notwendigkeit eines solchen Wörterbuchs, allerdings wurde nicht Montucci, sondern DEGUIGNES d.J.[171], Sohn des bekannten Orientalisten Joseph de GUIGNES (1721–1800), dafür herangezogen. Dieser hatte Montucci voraus, daß er in Canton tätig gewesen war und die chinesische Sprache beherrschte, aber lediglich das ziemlich veraltete Ms. Wörterbuch des Franziskaners Basilio BROLLO[172] druckte, statt etwas aktuelleres und praktischeres zu wählen. Dieses Wörterbuch wurde in der Tat schnell durch ein neues Wörterbuch von Robert Morrison[173] abgelöst. Dadurch erwiesen sich Montuccis Pläne und

---

170 Vgl. H. WALRAVENS: *Antonio Montucci (1762–1829), Lektor der italienischen Sprache, Jurist und gelehrter Sinologe. – Joseph Hager (1757–1819), Orientalist und Chinakundiger.* Zwei Biobibliographien. Berlin: Bell 1992. 106 S. 4° (Han-pao tung-Ya shu-chi mu-lu 42.); Stefano VILLANI: „Montucci, Antonio." In: *Dizionario Biografico degli Italiani* 72.2012, (auch online); Donatella CHERUBINI (ed.): *Di padre in figlio: Antonio ed Enrico Montucci senesi europei tra '700 e '800.* Milano: Franco Angeli 2018. 113 S.; H. WALRAVENS: „Ein Katalog chinesischer Bücher aus dem Jahre 1804, zum Verkauf angeboten durch Antonio Montucci." In: *MS* 67.2019, 505–515.

171 Chrétien Louis Joseph DEGUIGNES (Paris 20. Aug. 1759–9. März 1845 Paris), französischer Resident in Canton, war 1783–1787 Attaché am Konsulat in Canton und 1795 Dolmetscher in Peking für die Gesandtschaft von Isaac TITSINGH. Das Wörterbuch ist *Dictionnaire chinois, français et latin.* Paris: Imprimerie impériale 1813. 1112 S. 2°

172 Basilio BROLLO, O.F.M. (Gemona 25. März 1648–16. Nov. 1704 Xian), Missionar in China (Ankunft in Canton 1684), er war 1692–1700 in Nanjing tätig, Apostolischer Vikar von Shaanxi. Vgl. Giuliano BERTUCCOLI: Brollo, Basilio. In: *Dizionario biografico degli Italiani* 14.1972, 454–456.

173 R. MORRISON: *A dictionary of the Chinese language.* Macao 1815–1823.

Arbeiten als gegenstandslos, und so verkaufte er schließlich seine chinesische Sammlung einschließlich der Typen an Papst Leo XII.[174]

Die im Folgenden wiedergegebenen drei Schreiben Klaproths sind relativ selten. Ausgangspunkt ist Montuccis (unter dem Pseudonym Sinologus Berolinensis) gelieferte umfangreiche Kritik des Reisewerkes von de Guignes[175], worin er seinen Nebenbuhler beim Lexikonprojekt[176] nicht schonte. Dadurch fühlte sich auch Klaproth auf den Plan gerufen; in seinem ersten Schreiben kritisiert er verschiedene Irrtümer Montuccis, so was die Kaisernamen und die Regierungsdevisen angeht. Dabei gibt Klaproth eine Übersicht der Herrschernamen und Devisen der Qing-Dynastie in chinesischer und mandschurischer Schrift. Dann geht er anläßlich des kaiserlichen Lobgedichts auf Mukden (*Shengjing fu*) auf die neugeschaffenen antikisierenden Schriftformen ein.

Das zweite Schreiben befaßt sich mit Joseph Hagers (1757–1819), des Mailänder Orientalisten, neuesten Erzeugnissen, dem *Panthéon chinois* [177] und der *Numismatique chinoise*[178], wobei Klaproth auf das frühe Papiergeld[179] eingeht und einen mandschurischen Passus aus dem *Jinshi* (Aisin gurun-i suduri) zitiert.

Montuccis Antwort an Klaproth ging erst nach dem zweiten Schreiben ein, und so ist das Dritte Schreiben eine Reaktion auf Klaproths Äußerungen. Bemerkenswert ist Montuccis Ansicht, er könne nicht glauben, daß die kalligraphische Schrift, die Klaproth verwendete, wirklich von ihm stammte – sie sei so perfekt, wie sie nur ein Chinese schreiben könne. Er wäre nur vom Gegenteil zu überzeugen, wenn 7 Augenzeugen dies notariell bestätigten! Was Klaproth dann ausführte. Weitere Steine des Anstoßes erklärt Klaproth aus dem zu dem Zeitpunkt noch unvollkommenen Verständnis der deutschen Sprache seitens Montuccis.

Die drei innerhalb eines Jahres entstanden Schreiben zeigen übrigens verschiedene Varianten der Transkription des Chinesischen und Mandschurischen. Im ersten Schreiben verwendet er die von Montucci bevorzugte portugiesische Umschrift, in de beiden anderen seine eigene in zwei Formen. Offenbar hatte er sich zu dem Zeitpunkt noch nicht auf die später favorisierte französische bzw. deutsche (russisch beeinflußte) Transkription eingestellt. Bei der Wiedergabe des Mandschu ist bemerkenswert, daß er sich die Aussprache der russischen Dolmetscher zueigen gemacht hat , also etwa das „e" nach Labialen zu o werden läßt: -me -> -mo.

Man erfährt auch einiges persönliche – so daß Klaproth als Schüler bereits die Sinica der Königlichen Bibliothek beschriftete (wobei er freimütig einen Fehler zugibt), und auch daß er

---

174   Der Katalog der Büchersammlung und eine Probe der Typen sind abgedruckt in Walravens: *Antonio Montucci* 1992. Die ursprüngliche Vorstellung war, daß die Kongregation der Glaubensverbreitung für das Material Verwendung haben könnte. Doch ergaben sich durch die Missionare in Macao und Singapur, später auch in China selbst günstigere Möglichkeiten zum Druck chinesischer Bücher. Die Bücher sind in der Vatikanischen Bibliothek erhalten, während der Verbleib der Drucktypen unbekannt ist.

175   Chrétien Louis Joseph de Guignes: *Voyages à Peking, Manille et l'Isle de France faits dans l'intervalle des années 1784 à 1801*. Paris: Impr. impériale 1808. 2 Bde., Atlas.

176   Napoléon unterstützte das Vorhaben, ein chinesisches Lexikon zu drucken; zunächst wurde der Mailänder Joseph Hager gewonnen, der aber nur über sehr geringe Kenntnisse des Chinesischen verfügte und sich als unfähig erwies seiner Aufgabe gerecht zu werden. Daraufhin wurde der Sohn des berühmten Orientalisten Joseph de Guignes mit der Durchführung des Projektes betraut, das tatsächlich mit dem Druck des Wörterbuches von Basilio Brollo seinen Abschluß fand. Hier besteht nicht die Absicht, die schon öfter erzählte Geschichte zu wiederholen. Vgl. H. Walravens: *Antonio Montucci* 1992; neuerdings: Isabelle Landry-Deron: Du dictionnaire chinois-latin de Basilio Brollo aux lexiques pour le marché: deux siècles d'edition du chinois en Italie et en France. *T'oung Pao* 101.2015, 363–406, sowie Michela Bussotti: Le Dictionnaire chinois, français et latin de 1813. *T'oung Pao* 101.2015, 407–440.

177   *Pantheon chinois ou parallele entre le culte religieux des Grecs et celui des Chinois avec de nouvelles preuves que la Chine a été connue des Grecs, et que les sérès des auteurs classiques ont été des Chinois*. Par Joseph Hager. Paris: Didot 1806. XXXVI, 175 S.

178   *Description des médailles Chinoises du cabinet impérial de France, précédée d'un essai de numismatique Chinoise avec des éclaircissemens sur le commerce des Grecs avec la Chine, et sur les vases précieux qu'on y trouve encore*, par J. Hager. Paris: Impr. impériale 1805. XVI, 188 S.

179   Klaproth hat dem Papiergeld später einen eigenen Beitrag gewidmet: *Origin of paper money*. By J. Klaproth. London: Treuttel and Wurtz 1823. 23 S.

und Montucci sich 1810 noch nie begegnet waren – vermutlich haben sie sich auch später persönlich nicht kennengelernt. Zwar hat Montucci einige chinesische Bücher von Klaproth erworben, aber Paris, wo sich Klaproth ja zumeist aufhielt, scheint er nicht besucht zu haben.

Inhaltlich hat Klaproth durchweg recht und erweist sich als souveräner Kenner der Materie. In späteren Streitschriften ist Klaproth oft sehr scharf – hier liegt die Schärfe eher bei Montucci, der sich sagen lassen muß, er müsse nicht so tun, als sei er der einzige, der eine Ahnung vom Chinesischen habe. Er macht sogar lobende Bemerkungen: „Damit will ich nicht sagen, daß Ihre Caractere fehlerhaft seien, im Gegentheil verrathen sie viel Übung, nur sind sie nicht calligraphisch schön." Auch: „Leben Sie wohl und sein Sie überzeugt, dass mir Ihre Freundschaft, und eine litterarische Verbindung mit Ihnen, sehr schätzbar gewesen sein würde." Und ganz unklaprothisch ist der Schluß, mit einem Schuß (Selbst)ironie: „Da nun, wie Sie selbst sehr richtig anführen, keine Kenner in Europa sind, die unsern Streit entscheiden können, so wollen wir ihn hiermit beilegen, und es bleibt uns weiter nichts übrig, als uns wechselseitig zu bewundern."

Bei der folgenden Edition sind die vielfach in verschiedenen Auszeichnungsschriften gesetzten Texte in neutralerer Form wiedergegeben, und auch auf die Tonbezeichnungen ist weitgehend Verzicht geleistet. Dafür sind in den meisten Fällen die heutigen Standardumschriften in eckigen Klammern zugefügt worden, in einigen Fällen auch die Originalschreibung. Montuccis Replik ist nicht abgedruckt worden, da Klaproth die wesentlichen Punkte Montuccis ja zitiert und kommentiert.

Schreiben an Herrn Sinologus Berolinensis

[ḫīzīdī čirā ḫāṭir-tīz-i man
na-tarsīdī az tīġ-i ḫūn-i rīz-i man]¹⁸⁰

خیزیدی چرا خاطر تیز من   نترسیدی از تیغ خون ریز من

Mein Herr,
Obgleich ich nicht die Ehre habe Sie persönlich zu kennen, so nehme ich mir dennoch die Freiheit Ihnen folgende Bemerkungen oder *Analytical strictures* über Ihre *Remarques philologiques sur les voyages en Chine de M. de Guignes*¹⁸¹ zu überschicken. Ich bin darin vollkommen mit Ihnen einverstanden, dass weder dieser noch der berühmte Dr. Hager im Stande sein, der gelehrten Welt ein brauchbares Chinesisches Wörterbuch zu schenken; allein ich hätte auch gewünscht, dass Sie, dem man eine bessere Kenntniss des Chinesischen zutrauen kann, ihr Manuscript, ehe Sie es in die Druckerei gegeben, genauer durchgesehen hätten, wodurch Sie mehrere unangenehme Verstösse vermieden haben würden. – Auch glaube ich schwerlich, dass Herr Dr. Montucci, für den ich als Chinesischen Gelehrten alle Hochachtung habe, mit ihren [d.i. Ihren] Deutschen einleitenden Seiten zufrieden sein wird, in denen Sie wirklich seine Kenntnisse zu prahlerisch herausstreichen; – ein Mangel an Delicatesse, der am wenigsten unter genauen Freunden statt finden darf. – Im letzten Absatz dieser Einleitung greifen Sie mich sogar mit Missverständnissen an, – denn ich bin der *Chinesische Gelehrte im Asiatischen Magazin*, von dem Sie sprechen, aber nicht der Rezensent in der *Jenaischen Litteratur-Zeitung* von 1802, dem Sie (pag. 91) eine *fatuité intolérable* beilegen. Erst lange nachher trat ich mit diesem Institut in Verbindung, und habe für dasselbe keine anderen Beurtheilungen geliefert, als über Dr. Hagers *Pien-hoe-ye or Explanation of the elementary*

---

180   Übersetzung (von Frau Prof. B. Kellner-Heinkele): Warum hast du dich erhoben, du, der du meine Gedanken beschäftigst / Du hast dich nicht gefürchtet vor meinem blutvergießenden Schwert.

181   Par Sinologus Berolinensis. Berlin: Hitzig, Leipsic: Fleischer, Paris: Schœll, Berlin: Starcke 1809. 168 S.

characters of the Chinese[182]. (In Vol. II. N. 149. 22. Juni 1804 – von pag. 564 an) und über Hagers *Monument de Yu*[183]) (In Vol. I. Nr. 45. 22. Febr. 1804. pag. 333 sqq.) – mit welchen beiden Sie wohl werden zufrieden sein müssen.[184]) – Auch bin ich mir gar nicht bewußt, im Asiatischen Magazin als Herrn Dr. Montucci's Gegner aufgetreten zu sein. Denn damals kannte ich noch keine andere seiner Schriften als *Proposals*[185] für ein Werk *On the characteristic merits of the Chinese language*, und ich erlaubte mir nur die sehr richtige Bemerkung, dass in denselben der Buchstabe 王 vâm [wang][186], rex, mit 壬 gîn [ren], *litera temporaria inter* xe-kan *in ordine nona*, verwechselt sei. – In der Note (a) zu pag. 23 haben Sie mich ebenfalls im Sinne, wenn Sie von einem *jeune écolier* sprechen, der auf das 通鑑全書 T'um-kién-çiuen-xu [*Tongjian quanshu*] der königlichen Bibliothek zu Berlin, eine unrichtige Etiquette aufgeklebt habe; – und ihre Bemerkung ist vollkommen richtig. – Dies geschah 1798, als ich wirklich noch ein junger Schüler war, und sehr wenig vom Chinesischen wusste. – Ein Titel, der mich nicht beleidigen kann, denn niemand kommt als vollkommener Chinesischer Gelehrter auf die Welt, sollte er auch, die Chinesischen 部 Pú [bu] oder Elementarzeichen, schon im Mutterleibe gekannt haben.

Es ist indessen wohl Zeit, dass ich aufhöre von mir selbst zu sprechen, und ich will jetzt zur Correctur Ihres Buches schreiten; wobei ich es indessen nicht darauf anlege, Ihre Behauptungen gegen Herrn de Guignes, zu schwächen, die fast alle unumstösslich sind, sondern mich nur damit beschäftigen werde, Ihre eigenen Fehler, die de Guignes zu bemerken zu schwach ist, aufzudecken. Und ich bin gewiss überzeugt, dass Sie meine Offenheit nicht übel deuten werden.

Fangen wir also mit dem Titel an. – Auf demselben ist das Wort 與 yü, ad, ganz überflüssig, und sogar gegen den Chinesischen Styl; und 鏐 liêu [liu], *lapis lydius*, ist nur einmal, soviel ich mich erinnere, in einem schlecht geschriebenen Buche der Jesuiten, allegorisch gebraucht worden; denn ein Chinese wird Ihre Meinung, wie sie dort ausgedrückt ist, gewiss nicht verstehen, die man gut Chinesisch durch
寶文通法考 Pào-vên-t'ūm-fă-k'ào [baowen tongfa kao] geben müsste.[187]
In dem Motto ist der Charakter 生 sēm [sheng] sehr schlecht gewählt, weil er nie in diesem Sinne moralisch gebraucht wird. Besser hätten Sie geschrieben 真起憿 Chin-k'y k'ien [zhen qi qian]. Aber dennoch hätte jemand diesen Satz Chin-k'y-k'ie lesen, und *veritas hilaritatem parit*, verstehen können. Denn 憿 bedeutet *Hass*, wenn es k'ien [qian], und Freude wenn es kiĕ ausgesprochen wird. Am richtigsten übersetzt man *veritas parit odium* durch Chin-k'y-hen [zhen qi hen] 真起恨.

---

182   *Piēn Hoe Yi or An explanation of the elementary characters of the Chinese with an analysis of their ancient symbols and hieroglyphies.* London 1801. LXXVI, 43 S.

183   Diese Rezension ist mit einer anderen früheren, in derselben Zeitung abgedruckten (No. 206. 22 Jul. 1802), nicht zu verwechseln, die einen mir ganz unbekannten Verfasser hat. [Anm. Klaproths.]

184   In beiden Beurtheilungen ist durch ein Versehen, die von Titsing[h] aus Japan gebrachte Encyclopädie, mit der Chinesischen San-çai-tû [三才圖會] verwechselt. Auch sind in der ersten, durch einen Fehler des Setzers, da ich die Correctur nicht selbst besorgen konnte, die drei Buchstaben Pien-hoe-ye in verkehrter Richtung gedruckt. [Anm. Klaproths.]

185   *Proposals for publishing ... a treatise on the Chinese Language,* with an answer to the Reviewers (concerning their review of a title-page and prefatory letter accompanying proposals for a treatise on the Chinese language), etc. London 1801.

186   Ihnen zu Gefallen bediene ich mich in diesem Briefe der Portugisischen [!] Schreibart der Chinesischen Worte, obgleich ich in meinen jetzigen Schriften eine andere, mir richtiger und besser scheinende, angenommen habe. [Anm. Klaproths.]

187   Auf dem hinteren Umschlag steht der zusätzliche Titel: *Pierre de touche pour éprouver le génie de la plus belle de langues* als Entsprechung zum chinesischen Titel.

PERCIPIENDOS · TUM · PAO · PRETIOSAE

MODOS · FA · VEN · LITERATURAE

LAPIS LYDIUS. · LIEU. · YU · AD

Voyez la P.124.

REMARQUES PHILOLOGIQUES

SUR

LES VOYAGES EN CHINE

DE

M. DE GUIGNES

RÉSIDENT DE FRANCE À LA CHINE, ATTACHÉ AU MINISTÈRE DES RÉLATIONS
EXTÉRIEURES, CORRESPONDANT DE LA PREMIÈRE ET DE LA TROISIÈME CLASSE
DE L'INSTITUT.

Veritas odium parit.

CHIN — 眞 — LA VÉRITÉ

SEM — 生 — ENGENDRE

KIEN — 慊 — LA HAINE.

PAR

SINOLOGUS BEROLINENSIS.

À   B E R L I N

AUX FRAIS DE L'AUTEUR.

CHEZ H. J. HITZIG À BERLIN.
À LA LIBRAIRIE DE J. B. G. FLEISCHER À LEIPSIC.
ET SE TROUVE CHEZ FR. SCHOELL, RUE DES FOSSÉS - ST. GERMAIN - L'AUXER-
ROIS À PARIS.

1 8 0 9.

Pag. 15 und 78. – Haben Sie den Character hȳ [xi], in Fo-hȳ falsch geschrieben, indem er dort nur aus dem pu 羊 yam [yang] und zehn Strichen besteht, da er doch eigentlich eilf haben und so 羲 aussehen muss. – Siehe K'am-hi-çu-tien [*Kangxi zidian*] Vol. XXVII pag. 88 b. und çu-goéy [*Zihui*] Vol. IX. vy pag. 58 b. – Bei derselben Seite muss ich noch erinnern, dass der

Jesuit von dem Sie sprechen, Nicolaus Trigaut (†1629 zu Ham-chēu [Hangzhou]) und nicht Trigaud heisst. – Siehe Catalogus Patrum Societatis Jesu, qui post obitum S. Franc. Xaverii primo saeculo, sive ab anno 1581 usque ad annum 1681, in imperio Sinarum Jesu-Christi fidem propagarunt (Lutet. Parisior.) 1686. 5. – pag 14.

Pag. 17. – Übersetzen Sie den Character 祖 çu [zu] ganz unrichtig durch Ancien, er bedeutet aber 父之父 fu-chi-fú [fu zhi fu] d.i. patris pater – also Grossvater, und dann auch den ältesten

Vorfahr einer Familie dessen Namen bekannt ist (Mandshuisch 𝄞 mafa); ferner principium, origo, exordiri, altus etc. –

寒 Hân, bedeutet ebenfalls nicht humble, sondern 暑之對 xu-chy-tuy [shu zhi dui], d.i. das Entgegengesetzte von heiss – also kalt. Sonst ist es auch der Name einer Familie und eines Reichs. – Wenn dieser Buchstabe hién und hin ausgesprochen wird, so hat er noch andere Bedeutungen, aber nie die von humilis.

In K'am-hy schreiben Sie beständig den Character hȳ falsch, der diese Gestalt haben muss 熙 – Er bedeutet wohl splendor, aber hier nicht, sondern pacificum, amplum, daher ihre Übersetzung von K'am-hȳ durch clarté paisible unrichtig ist. Dies Wort welches die Mandshu

durch Elche taifinn 𝄞 geben, bedeutet grande tranquillité oder tranquillité et repos. – Siehe Dictionnaire Tatare Mantchou. Vol. I. pag 143 und L. Langlès Alphabet Mantchou. IIIe édition pag. 66 und 69.

Pag. 19, 20 und 22. – Ist der Character háo beständig falsch geschrieben, und muss nach dem Wörterbuche K'am-hȳ-çu-tien [*Kangxi zidian*], welches zur Norm dient, folgende Gestalt haben 號; denn es wird bei demselben noch besonders erinnert, dass 号 zu schreiben falsch (非 fi [fei]) sei. – Siehe K'am-hȳ-çu-tien Vol. XXX, pag. 4. a und b.

Pag. 22 in der Note. – Irren Sie sehr stark, wenn Sie glauben, dass die Kaiser der Dynastie 太清 Tai-çim [Tai Qing] keine Niên-háo [nianhao] hätten, und dass diese mit dem Jahre 1644 endigten. Alle Kaiser dieses Mandshuischen Stammes haben ihren Regierungsjahren solche Ehrentitel beigelegt, nur mit dem Unterschied, dass sie dieselben bis zum Tode beibehielten. K'am-hȳ, Yūm-chim [Yongzheng] und K'ien-lûm [Qianlong] sind keine Eigennamen, und man darf nicht sagen K'am-hy-ti oder Yum-chim-ti. Es ist daher ein bedeutender Fehler in Lord Macartney's Reise[188], dass unter dem Bilde des damaligen Kaisers die Worte K'ien-lûm-tá-hôam-ti [Qianlong da huangdi] stehen. – Wenn man von dem regierenden Kaiser spricht, so sagt man gewöhnlich 太清當大皇帝 T'ai-ç'im-tâm-ta-hôam-ti [Tai Qing dang da huangdi], d.i. der jetzige grosse und erhabene Beherrscher der T'ai-ç'im.

Um Ihnen gefällig zu sein, lasse ich hier die Niên-háo der jetzigen Dynastie Chinesisch und Mandshuisch mit der Übersetzung folgen.

---

188 George Macartney (Lissanoure 14. Mai 1737–31. Mai 1806 Chiswick), britischer Staatsmann; er wurde 1792 auf eine Gesandtschaftsreise an den Kaiser von China gesandt mit dem Ziel, gleichberechtigte Beziehungen aufzunehmen. Politisch war das Unternehmen ein Mißerfolg, doch trugen die Gesandtschaftsberichte wesentlich zu einer besseren Kenntnis der chinesischen Verhältnisse bei. Vgl. George Leonard Staunton: *An authentic account of an embassy from the King of Great Britain to the Emperor of China:* including cursory observations made, and information obtained, in travelling through that ancient empire, and a small part of Chinese Tartary ... ; in two volumes, with engravings; beside a folio volume of plates. London: Nicol, 1797. – John Barrow: *Some account of the public life, and a selection from the unpublished writings, of the Earl of Macartney.* The latter consisting of extracts from an account of the Russian Empire: A sketch of the political history of Ireland: And a journal of an embassy from the King of Great Britain to the Emperor of China: With an appendix to each volume. In two volumes. London: Printed For T. Cadell and W. Davies. London: Strahan and Preston 1807. und weitere Berichte.

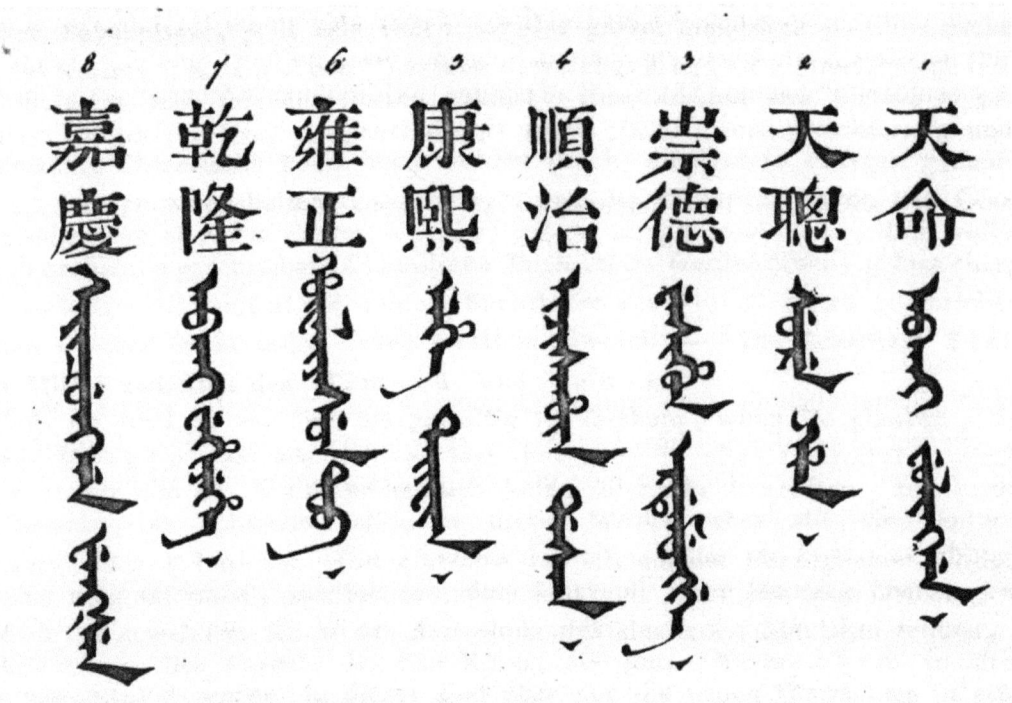

1. 天命 T'ien-mim [Tianming], Mandshuisch Abkai fulinn'ga [Abkai fulingga], d.i. vom Himmel bestimmt oder begünstigt (favorisé du ciel). Name der Regierungsjahre des Kaisers T'ai-çu-kao-hoâm-ti [Taizu gao huangdi], von 1616 bis 1627.

2. 天聰 T'ien-ç'um [Tiancong], himmlische Vorsicht, Mandshuisch Ssure-chan [Suhe han], der vorsichtige oder aufmerksame Kaiser. Name der acht ersten Jahre des Kaisers T'ai-çum-vên-hoâm-tí [Taizong wen huangdi] . Von 1628 bis 1635.

3. 崇德 Ç'ûm-te [Chongde], Mandshuisch Ueshichun erdemunn'ge [Wesihun erdemungge], d.i. vortrefflich tugendhaft; so heissen die beiden letzten Jahre desselben Kaisers, nämlich 1636 und 1637. – Nach seinem Tode erfolgte ein Interregnum von sieben Jahren.

4. 順治 Xun-chi [Shunzhi], Mandshuisch Idsis'chun dasan [Ijishôn dasan] – gehorsame oder gehorchte Regierung, Niên-háo des Kaisers Xi-çù-cham-hoâm-tí [Shizu zhang huangdi] – von 1644–1661.

5. 康熙 K'am-hy [Kangxi], Mandshuisch Elche taifin [Elhe taifin], d.i. ausgebreitete Ruhe, Name der Regierungsjahre des Kaisers Xím-çù-gîn-hoâm-tí [Shengzu ren huangdi] – von 1662 bis 1733.

6. 雍正 Yum-chím [Yongzheng], Mandshuisch Chualíasun top [Hôwaliyasun tob] – ununterbrochene Wahrhaftigkeit. Niên-háo des Kaisers Xi-çum-hien-hoâm-tí [Shizong xian huangdi] – von 1723 bis 1735.

7. 乾隆 K'iên-lûm [Qianlong], Mandshuisch Abkai uechieche [Abkai wehiyehe], d.i. Himmelshülfe (oder à coelo auxiliatus). Name der Regierungsjahre des Kaisers Kao-çum-xûn-hoâm-tí [Gaozong chun huangdi] – von 1736 bis 1795.

8. 嘉慶 Kia-k'ím [Jiaqing], Mandshuisch Ssaitschunn'ga fenn'schen [Saicungga fenśen], d.i. lobenswürdige Glückseligkeit. Niên-háo des jetzigen Kaisers von 1796 an.

Pag. 23 in der Note – Übersetzen Sie den Titel der Chinesischen Annalen Chí-çu-t'um-kién-kam-mo [*Zizhi tongjian gangmu* 資治通鑒綱目], durch veil principal et miroir frappant aidant à gouverner – leider finden sich aber die beiden Worte principal und frappant nicht im Original, also ist Ihre Übersetzung weder richtig noch wörtlich. – Aber wörtlich soll man auch hier nicht übersetzen, und Sie wären gewiss nicht in diesen Fehler verfallen, wenn Sie die Einleitung zum ersten Bande von Mailla's histoire générale de la Chine[189] von pag. XIV. bis XVIII. gelesen hätten, wo sie die wahre Bedeutung von Kam-mo gefunden haben würden.

Die Mandshu haben diese beiden Worte durch chergin-cheschen [hergin heśen bzw. heśen hergin] übersetzt, deren Bedeutung von Amiot's dictionnaire Mantchou, nachzusehen ist,

Pag. 24 und 25 – Machen Sie beim Niên-háo sowohl in der Aussprache, als in der Übersetzung zwei bedeutende Fehler; der der erste Character 居 kiu [ju], bedeutet nicht wie Sie glauben, une espèce d'existence, sondern habitare, morari, sedere, quiescere, congregare, und den zweiten lesen Sie *nie*, da er doch hier 攝 xe [she] ausgesprochen werden muss, wie Sie am besten aus der Mandshuischen Übersetzung des Kam-mo (Vol. VIII. pag, 8 b.) werden sehen können, wo

dieses Niên-háo Giui sche [Gioi śe] geschrieben ist. Xe bedeutet auch nicht une manière de gouverner, sondern alicujus negotiorum curam gerere, adjuvare.

Pag. 38, in der Note – Läugnen Sie, dass es Charactere von mehr als neun und dreissig Grundstriche gäbe; – einen Beweis gegen diese Behauptung liefern die beiden hier folgende Buchstaben –

von denen sich der erste Pìm im Wörterbuche des K'am-hy (Vol. I. pag. 50 und vol. XXXVI. pag. 83) findet, und Stimme des Donners bedeutet. Dieser bestehet aus 52 Grundstrichen. Der andere chĕ, multiloqui, hat deren 64, und steht im Wörterbuche Yo-pién, welches Sie selbst pag. 36, 126, 231, anführen. Übrigens brauchen Sie nur das K'am-hy-çú-tièn nachzuschlagen, um noch zwei Buchstaben von 42 und 44 Grundstrichen zu finden.

Pag. 84 und 33. – Obgleich Sie eine ziemliche Kenntnis der Chinesischen Graphik verraten, so sind Sie doch über den Unterschied der Schriften 楷書 K'iai-xu [*kaishu*] und 行書 Hîm-xu [*xingshu*] sehr im Dunklen, zumal wenn Sie die Existenz der letzten gänzlich läugnen. Erlauben Sie mir Ihnen hierüber einige Aufklärung zu geben. K'iai-xu heissen diejenigen Buchstaben, deren man sich in den mehrsten gedruckten Büchern bedient, wie z.B. im T'um-kién und çú-góey der Berliner Bibliothek. – Hîm-xu hingegen ist die gut geschriebene Schrift, die sich etwa zu jener so verhält, wie das تعليق Ta'lick der Perser zum نسخى Niss'chi der Araber. Die mehrsten Charactere Ihres Buchs sind Hîm-xu, ohne dass Sie es selbst wissen. Als Auctorität meiner Behauptung, will ich Ihnen nur das grosse Mandshuisch-Chinesische Wörterbuch des Kaisers [190] K'iên-lûm [191] anführen, welches Kiai-xu Mandshuisch Ginn'gulere chergen [*ginggulere hergen*] übersetzt und folgendermassen erklärt: Emu dsidshun emu dshidshun ni

---

189 Joseph Anne Marie de Moyriac de Mailla (1669–1748): *Histoire générale de la Chine, ou annales de cet empire*. Paris: Pierres 1777–1783. 12 Bde.

190 Ich habe zwar oben bemerkt, dass K'am-hy, K'iên-lûm u.s.w. keine Namen von Kaisern sind, da es aber schon so allgemein angenommen ist, sie dafür zu brauchen, so sehe ich mich genöthigt, diesen Fehler mitzumachen, um nicht unverständlich zu sein. [Anm. Klaproths.]

191 Chan ni aracha nonn'gimo toktobucha Mandshu gisun ni buleku bit'che [Han-i araha nonggime toktobuha Manju gisun-i buleku bithe], Vol. VII. pag. 35. [Anm. Klaproths.]

getuken ni aracha nikan chergen bo, (inu) ginn'gulere chergen sembi. D.i. „Ganz gleichförmig und deutlich gemachte Chinesische Buchstaben werden (auch) ginn'gulere chergen genannt." – Hîm-xu heissen Mandshuisch Gidara chergen und die Erklärung davon ist: Ginn'gulere dulin lashichire dulin ni Nikan chergen bo, (inu) gidara chergen ssembi. – „Halb vollkommen und halb nachlässig geschriebene Chinesische Buchstaben werden (auch) gidara chergen genannt." – Hätten Sie gewusst mit welchen Buchstaben das Wort Hîm-xu geschrieben wird, so würden Sie dies leicht selbst haben erraten können, – Die Schriftart Siáo-sie hält das Mittel zwischen den Hîm-xu und ç'ao-xu [caoshu].

Pag. 92 und 97 –Sind Sie gewaltig im Irrthum, wenn Sie glauben, dass der Text des Ye-kim [Yijing] (so wie wir es jetzt besitzen) in alten Characteren geschrieben sei, denn ausser den 64 Kuá finden sich keine solche in demselben. Ich kenne vielleicht fünfzehn bis achtzehn Editionen dieses Werks, aber alle sind entweder in K'iai-xu oder Hîm-xu. Unter andern sah ich auf der Herzoglichen Bibliothek in Gotha eine sehr niedliche, die Sie von dem Ungrund Ihrer Meinung überzeugen kann. Das Ye-kim [易經], welches Sie in der Sammlung des Herrn Dr. Montucci fanden, gehört wahrscheinlich zu der Ausgabe der fünf Kim, die unter Yum-chim in alten Characteren veranstaltet wurde. In dieser sind aber nur die neuen Charactere in alte übertragen. – Was die mehrsten geschnörkelten Schriftarten in der poetischen Beschreibung von Mukden anbetrifft, so ist man in Pe-kim selbst vollkommen überzeugt, dass sie für dies Werk erfunden worden sind. Ja, der verstorbene Kaiser hat sogar die Mandshuischen Charactere zu diesem Behuf, auf ähnliche Weise verunstalten lassen.

Ibid. et ubique – Warum nennen Sie den armen Deutschen P. Athanasius Kircher[192] immer Kirkère?

Pag. 96 – Nennen Sie die angeblich von Ç'am-kie [Cangjie 倉頡[193]], nach den Fusstapfen der Vögel, gebildeten Charactere, fälschlich 鳥契 Niáo-k'i, ou traces d'oiseau, und führen als Ihre Gewährsmänner K'iên-lûm und die besten Chinesischen Kritiker an.

Felix qui potuit rerum cognoscere causas!

Ein Fehler des P. Amiot in der Eloge de Moukden (pag. 164, 165 und 174) hat Sie dazu verleitet; allein im Original dieses Werks, das ich Chinesisch und Mandshuisch vor mir liegen habe, steht ganz deutlich 鳥跡 Niao-çie[194] [niaoji], und Mandshuisch Gass'chai ssonn'gonn'go [gashai songkonggo]. Auch bedeutet der von Ihnen angeführte Character k'i niemals vestigium, sondern convenire, incidere, veru ad torrendam testudinem in usum divinandi. Und wenn er k'ie ausgesprochen wird: defectus, multum secedere, wenn man ihn aber sie lies: nomen hominis avi regis xam. –In der Note zitiren Sie die klassischen Wörterbücher der Chinesen, um Ihre Übersetzung zu unterstützen; – öffnen Sie das çú-goéy unter dem Buchstaben k'i, und Sie werden eine Stelle finden, die Sie eines besseren belehrt, in der gesagt wird, dass ç'am-kie seine Buchstaben nach den Fusstapfen der Vögel (Niao-çie und nicht kí) gebildet habe. In Ihren Lettres on Chinese Literature[195] pag. 3, geben Sie eine Chinesische Stelle, die Sie auf die wahre Bedeutung des Buchstabens k'i hätte führen müssen, wenn Sie ihn dort nicht für ein expletivum gehalten hätten.

---

192   Der Jesuit Athanasius Kircher (Geisa 2. Mai 1602–28. Nov. 1680 Rom) lehrte am Collegium Romanum; er gab das Handbuch *China illustrata* (Amsterdam 1667) heraus.

193   Der mythologische Erfinder der chinesischen Schrift.

194   Dieser Irrthum rührt daher, dass man zu Peking die Worte çie und k'i gleich ausspricht. So sagt man dort statt Kiên-lûm – Dsiän-lunn, statt Pe-kim – Be-dsinn etc. [Anm. Klaproths.]

195   *Letters on Chinese literature (written by Sinologus Berolinensis)*. Published by Dr. A. Montucci. London 1804. 8. Vor mehreren Jahren erhielt ich ein Exemplar dieses Werks mit der Aufschrift: *A Monsieur Klaproth fils, l'Auteur Antonio Montucci, und einige Zeit darauf ein anderes, auf welchem von derselben Hand geschrieben war: Adresse de l'Auteur Dr.* Montucci – Nr. 4. Old Bond Street – Royal Exchange – London. – Entweder hat sich also Herr Dr. Montucci die Autorschaft Ihres Buches zueignen wollen, und das wäre nicht rühmlich von ihm, – oder SIE SIND BEIDE EINE PERSON, und dann ist der Sinn Ihrer Deutschen prahlerischen Einleitung, leicht zu verstehen, – Auch der Kaiserlichen Academie der Wissenschaften zu St. Petersburg, hat Herr Dr, Montucci ein Exemplar der *Letters on Chinese Literature*, als Verfasser überschickt. [Anm. Klaproths.]

Pag. 97 – Haben Sie wiederum Unrecht, wenn Sie des P. Mailla falsche Übersetzung des Namens 蝌蚪 K'o-tèu [kedou], durch Caractères de l'insecte, gegen die richtige des P. Amiot, lettres en forme de tétards, verteidigen wollen. Diese Buchstaben heissen Mandshuisch Kokinn'ga fukdsinn'ga chergen [kokingga fukjingga hergen] d.i. alte Caractere in Gestalt der Froschbrut[196], und der grosse Mandshuisch-Chinesische Wörterspiegel bemerkt dabei: Gao-gann-schi koki i arbun bo durssulemo ere chergen bandsibucha d.i. Gao-yann-schi liess diese, der Gestalt der Froschbrut ähnliche Buchstaben, machen,

Pag. 99, 105 und 111. – Sie verstehen Chinesisch genug, um etwas Gutes über diese Sprache zu liefern, warum fiel es Ihnen unglücklicher Weise ein, sich auf Dinge einzulassen, die bei einem gänzlichen Mangel an Hülfsmitteln über Ihren Horizont gehen. Man würde mit Ihrem Buch zufrieden genug gewesen sein, wenn Sie sich auf die neuen Charactere eingeschränkt hätten, aber das war Ihnen nicht hinreichend, Sie wollten sich auch als Kenner der alten und allerältesten zeigen – und verderben dadurch die gute Meinung, die man von Ihrem Wissen haben konnte. – Auf den drei genannten Seiten Ihres Buchs, zitiren Sie aus Hagers *Monument de Yu* einige alte Charactere, und umschreiben sie aufs gerathewohl, ohne das Original zu kennen, in neuer nämlich durch 星 sim, stella und 閒 kién, interponere, aliquid ut diem – beides aber ist grundfalsch … der erste ist 心 sin, cor, und der andere 聞 vên, auditu percipere.

Der Anfang des Chinesischen Originals der Eloge de Moukden[197], aus dem Herr Hager die 32 alten Schriftarten genommen hat, ist folgender [Beginn des kaiserlichen Vorworts]:

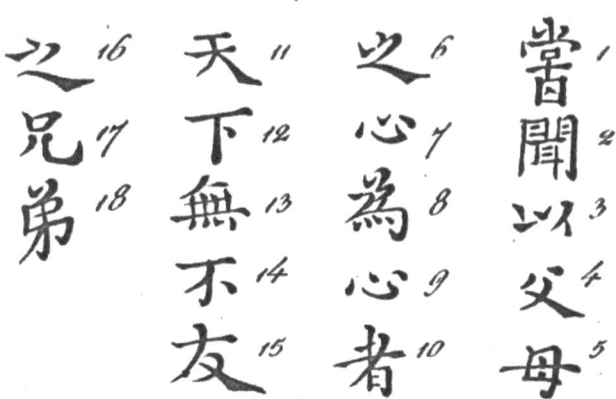

J'ai toujours oui dire que, si l'on conforme son cœur aux cœurs des ses pere et mere, les frères vivront en bonne intelligence entre eux. (Eloge de la ville de Moukden[198], préf. pag. XXVII.). Er hat aber nur zwölf von diesen achtzehn abstechen lassen, und zwar in folgender Ordnung: 1. 2. 3. 4. 8. 9. 10. 11. 15. 16. 17. und 18. – und die von Ihnen angeführten Buchstaben sind No. 9 und No. 2.

مضرت تعجیل بسیارست و منفعت صبر و سکون بیشمار [199]

Pag. 100. – Übersetzen Sie die Erklärung aus dem çu-goéy ganz falsch durch: les petits des insectes appellés hia et ma – Hia-mâ [xiama] ist ein Wort, und bedeutet Landfrosch oder auch Kröte, Mandshuisch Uakschan [wakśan] (Siehe Diction. Mantchou. Vol. III. pag. 228.)

---

196   d.i. Kaulquappen.

197   *Yuzhi Shengjing fu* 御製盛京賦 Han-i araha Mukden-i fu bithe. 1743.

198   J.-M. Amiot: *Éloge de la Ville de Moukden et de ses environs; poème composé par Kien-long, Empereur de la Chine & de la Tartarie, actuellement régnant*, accompagné de notes curieuses sur la géographie sur l'histoire naturelle de la Tartarie orientale et sur les anciens usages des Chinois. O y a joint une pièce de vers sur le thé composé par le même empereur. Traduit en françois par le P. Amiot, et publié par M. Deguignes. Paris: Tilliard 1770. XXXVIII, 381 S.

199   Frau Prof. Barbara Kellner-Heinkele war so freundlich, mir Transkription und Übersetzung zu liefern: *mażarrat-i ta'ğīl bīsyārast wa manfa'at-i ṣabr-ū sukūn bī-šumār* „Der Schaden der Eile/Hast ist zahlreich/viel und der Vorteil/Nutzen von Geduld und Ruhe ist zahllos."

Dies mein Herr Sinologus mag für einen ersten Brief genug sein, und ich schenke Ihnen alle Fehler, die sich noch von pag. 101 bis zum Ende Ihres Buches, finden dürften. Auch habe ich mich auf keine Ihrer Hypothesen eingelassen, wie z.B. die über die Menge der Elementarzeichen (pag, 127, sqq.) und über die Accente (pag. 134, sqq.) weil mich dies zu weit geführt haben würde, indem jeder seine eigene Ansicht der Dinge hat und es mir gleichgültig ist, ob die Ihrige richtig sei oder nicht. – Bei aller Achtung, die ich für Ihre Kenntnisse habe, die durch Ihre angezeigten Übereilungen nicht gestöhrt werden konnte, that es mir doch leid, dass Sie einen so entscheidenden und dictatorischen Thon annahmen, der gewiss nicht der guten Sache zum Nutzen gereicht. Warum wollen Sie oder Herr Montucci für den Einzigen gelten, der Kenntnisse von der Chinesischen Sprache und Literatur hat? – Ich sollte meinen, es müsse Ihnen angenehm sein, zu wissen, dass sich auch andere für dies Fach interessiren, mit denen Sie in Verbindung viel mehr würden leisten können, als einzeln. Unsere Wissenschaft ist so wenig bekannt und geschätzt, dass man sich durchaus nicht mit denen überwerfen sollte, die darin arbeiten. Ihre kleinen Angriffe konnten mich nicht beleidigen – aber ich musste Ihnen zeigen, dass Sie es mit keinem Dr. HAGER zu thun haben, – Leben Sie wohl und sein Sie überzeugt, dass mir Ihre Freundschaft, und eine litterarische Verbindung mit Ihnen, sehr schätzbar gewesen sein würde.
St. Petersburg d. 20. April 1810. Ihr ergebener Diener
Julius von Klaproth

Zweites Schreiben an Herrn Sinologus Berolinensis

Von ungefähr ist mir das Blatt der Jen. allgem. Litteratur-Zeitung in die Hände gerathen, in welchem sich der Doctor Joseph Hager gegen Sie zu vertheidigen, und zu beweisen sucht, dass er mit grossen Ehren von Paris entlassen worden sey. Folgende Anmerkung aus der dritten Ausgabe von L. Langlès *Alphabet Mantchou* (Paris 1807. 8° – préface pag. VIII.) dürfte indessen doch einigen Zweifel, über den triumphalen Auszug des Doctors aus der Kaiserstadt, erregen. „Tout en vantant la facilité du mantchou et les moyens qu'il nous donne de fouiller dans les trésors de la littérature chinoise, je suis loin de m'élever en détracteur du chinois, je ne puis, a contraire, dissimuler la vivacité de mes regrets en voyant abandonner le projet que le gouvernement avoit formé, il y a quelques années, de faire publier un dictionnaire chinois-françois ou latin; malheureusement cet mile et louable projet fut confié à un étranger que l'on peut accuser de la plus impardonnable négligence, puisque, d'après le très-laconique rapport des comissaires chargées d'examiner le résultat de son travail pendant plusde quatre années, il fut remercié, et l'entreprise abandonnée: mais doit-on y renoncer entièrement etc. etc." – Es ist überhaupt schwer zu begreifen, wie Herr Hager noch in irgend einer auf chinesische Litteratur Bezug habenden Angelegenheit die Stimme erheben darf, nachdem er nicht das geringste gegen die von Ihnen, von Herrn Montucci und von mir aufgestellten Beweise seiner Ignoranz, zu antworten gewagt hat. Der Grund dieses Stillschweigens ist kein anderer, als die Einsicht seiner eigenen Impotenz irgend etwas statthaftes dagegen vorbringen zu können. Auch war es überhaupt zu sehr gegen sein Interesse, die Discussion über seine Unkenntnis des Chinesischen in Paris nur bekannt werden zu lassen; denn englische und deutsche Journale sind dort nur in den Händen weniger. – Er schwieg also – und daran that er in jeder Rücksicht wohl. – Noch besser aber würde es gewesen seyn, wenn er lieber sogleich die chinesische Litteratur aufgegeben hätte; so aber mussten wir noch von ihm die *Numismatique chinoise* und das *Panthéon chinois* erdulden. Das erste dieser Werke ist freilich sein höchster Flug im Gebiete der chinesischen Literatur, was indessen darin sein Eigenthum ist, gleicht allen seinen übrigen chinesischen Bemühungen. – Erlauben Sie mir, aus dieser Numismatik die Perle seiner Unwissenheit heraus zu heben. – Pag. 94 u. folg. handelt er vom chinesischen Papiergelde und führt eine Stelle aus dem Wörterbuche Khann-hhi-dsu-tien mit der Übersetzung an, in der sich schlecht gerechnet *drei* unverzeihliche Fehler finden. – Sie sind folgende:

I. spricht er den Buchstaben 交 (No. 14) – Kao aus, da es doch das Wort Kiao bezeichnet, welches unio, societas, congredi, congressus, tradere, dare bedeutet.

II. Verwechselt er den Caracter 志 tschi, intentio, quod voluntas intendit, recordari, conatus, scire, mit einem wenig ähnlichen 法 fa, lex, statutum, ratio; denn der letzte steht im Texte des Khann-hhi-dsü-tien, aber nicht jener, den er auch unrichtig durch art, méthode verdollmetscht.

III. Endlich, und dies ist der Hauptverstoss, übersetzt er die beiden Buchstaben 女真 Niü-dshin [nüzhen] durch pendans d'oreilles de femmes, – Niü heißt wohl auch femme, aber dshin niemals pendans d'oreilles, sondern verum, vere, effigies – Niü-dshin (oder Niü-dshe) ist der Name der Vorfahren der mandshuischen Nation (de Guignes histoire de Huns etc.[200], Tom. I. part. I. pag. 208), welche im Jahre 1118 das sogenannte goldene Reich stifteten, das bei den Chinesen 金, mandshuisch Aishin und mongolisch Altun hiess, und sich über das Amurland, Korea, die Mongolei und über das nördliche China erstreckte; bis es im Jahre 1234 von den Mongolen zerstöhrt wurde. – Dies nicht einmal zu wissen ist mehr als Unwissenheit. – Die ganze Stelle, welche Herr Hager durch -„La vingt-quatrième année de Tchao-hing, le métal (cuivre) manqua à tel point, qu'on employa les pendans d'oreilles des femmes pour y suppléer: On suivit alors l'art inventé par Kao-tsé, et l'on fabriqua du papier scellé pour représenter l'argent", übersetzt; bedeutet also wörtlich „Im vier und zwanzigsten der Jahre Tschao-hhinn (1155 n. Chr. Geb.) befolgten die Niü-dshin beim Kupfermangel die Methode des Ssunn-kiao-dsü und machten Papiergeld." – Da dies ein sehr interessanter historischer Punkt ist, so lasse ich die darauf Bezug habende Stelle aus der mandshuischen Übersetzung des Thunn-kien-kann-mu (Siui-pien [xubian], vol. XV, pag. 16 b.), hier folgen.

Aishin gurun deribumo giao tschao ku ilibuha.

Aishin gurun teischun komso turgunde, tschao in bit'che aracha. Dshuo ulzin, tuin ulzin, ninn'gun ulzin, dshakun ulzin, dshuan ulzin, ere sundsha dshergi bo amba tschao bit'che sseche. Emu Tann'gu, ilan tann'gu, ssundsha Tann'gu, nadan tann'gu, ujun tann'gu, ere ssundsha dshergi bo adsige tschao bit'che sseche. Dsicha i ssualiamo ssassa baitalambi. Nadan ania bo bilagan obufi, wenn'ge bo afabufi, utschengg'e bo chalambi. geren dshugun de sheden ni ku ilibufi bargiabumo, ulzin tomo bassa beche i dsicha tofochun gaimo, sheden zissu de tussa obucha.

„Im goldenen Reiche fing man an Assignations-Banken anzulegen. Weil im goldenen Reiche das gelbe Kupfer selten wurde, machte man Assignate. Die von zwei, vier, sechs, acht und zehn Schnüren wurde grosse Assignate genannt, und die von ein, drei, fünf, sieben und neun hundert hiessen kleine Assignate. Man bediente sich ihrer mit den Kupfermünzen zusammen. Sie waren sieben Jahre gültig, worauf die verdorbenen durch neue ersetzt wurden. In allen Provinzen wurden Magazine angelegt, in denen man sie aufbewahrte. Von jeder Schnur nahm man funfzehn Stück kleine Münze für die Fabrication und den Druckerlohn. Man bediente sich ihrer in Menge und einzeln."

Bei Herrn Hager loco citato heisst es nun weiter: „La vingt-quatrième année de Tschao-hing répond à l'an 1155 de l'ère chrétienne; et cela est très-conforme à l'histoire de ce temps-là. À cette époque les Tartares Mongoux s'emparèrent de la partie septentrionale de la Chine, et obligèrent le souverain à se retirer dans la partie méridionale." – Welche historische Unwissenheit! Um diese Zeit haben die Mongolen nie etwas mit den Chinesen zu thun gehabt, denn 1155 n. Chr. war Dshingis-Chan, der Stifter der mongolischen Grösse, noch nicht einmahl geboren, und die Horde der Munn'gu [Menggu] nomadisirte noch an den Flüssen Kerlon und Sselenn'ga an der sibirischen Gränze. Diejenigen, welche die Kaiser der chinesischen Dynastie

200   Joseph de Guignes: *Histoire générale des Huns, des Turcs, des Mogols et des autres Tartares occidentaux &c.* Paris: Desaint & Saillant 1756–1758.

Ssunn nöthigten, ihre Residenz nach Süden zu verlegen, waren die eben erwähnten Kin oder Niü-dshin, eine von der mongolischen himmelweit unterschiedene Nation, die erst 1234 von dieser unterjocht werden musste, um ihr den Zugang nach China zu eröffnen.

Die folgenden Raisonnements über die damahlige Ursache des Papiergeldes in China fallen alle, durch die richtige Übersetzung der angeführten Stelle aus dem Wörterbuche des Khann-hhi über den Haufen; weil die Ohrringe in Mandshu verwandelt werden, die in ihrem Reiche, und nicht in China, Papiergeld machten.

Noch einen merkwürdigen Schnitzer aus demselben Capitel muss ich Ihnen zum Besten geben. Pag. 96 sagt nämlich der gelehrte Doctor: „Les religieux de la secte de Fo, qui est dominante à la Chine, brûlent du papier argenté et doré, en forme de monnoie, pour le repos des morts; et il y a de ces papiers qui passent pour des pains d'argent de cinquante taels, payables dans l'autre monde. – Ils les appellent yuen-pao; ce qui veut dire la principale ou la première chose de prix." 元寶 ist aber nicht die Benennung der papiernen Münze, sondern der wirkliche Barren von 50 Liann [liang] Silber (mandshuisch Yuemboo [yuwanboo] oder Amba schoge [śoge]). – Die vergoldeten und versilberten Blätter der Bonzen heissen chinesisch Dschizián [zhiqian 紙錢], und mandshuisch Chaoschan dsicha [hoośan jiha], d.i. papiernes Geld.

Um Ihnen nicht Langeweile zu machen, breche ich hier ab; wenn aber Herr Hager sich noch einmal untersteht, in einer chinesischen Angelegenheit den Mund zu öffnen, so unternehme ich es des Spasses halber, alle seine hineinschlagenden Werke auf eben die Art zu zergliedern, wie dies eine Capitel vom Papiergelde; was ihm eben so schwer fallen wird, als Mandshu statt Ohrringe zu tragen.[201] – Leben Sie indessen recht wohl, und schicken Sie mir Ihre Antwort auf meinen ersten Brief, die ich noch nicht gesehen habe.

Ihr ergebenster Diener
Julius von Klaproth
St. Petersburg den 12/24 October
an einem glücklichen Tage, 1810

Drittes Schreiben an Herrn Sinologus Berolinensis Antonio Montucci

Erst vor einigen Tagen habe ich von Sr. Excellenz dem Herrn Staatsrath von Fuß[202] Ihre vom 20. Julius datirte Antwort auf mein erstes, an Sie unter dem 20. April d. J. erlassenes Schreiben erhalten, welche mir, ungeachtet ihrer Spitzigkeit, dennoch die größte Freude verursacht hat, wegen des darin enthaltenen ehrenvollen Zeugnisses eines Kenners über meine Geschicklichkeit im Chinesischen. – Sie sagen nämlich in derselben: „De sorte que les progrès que vous avez faits dans ces six ou sept derniers ans tiendroient trop du prodige et du phénomène, pour que le lecteur de votre lettre pû croire, que le contenue de ces huit pages soit tiré de votre propre fond: surtout étant un fait universellement connu, qu'il existe à St.-Pétersbourg un Collège des affaires étrangères, dont les membres sont en bonne partie de ces élèves dont le Gouvernement entretient toujours un certain nombre à Péking, où ils passent plusieurs années uniquement occupés à apprendre le Chinois à fond, afin d'être à leur retour placés au dit Collège. Les articles de deux journaux ci-dessus n'étant pas à vous, Monsieur, ce soupçon-là cesse à cet égard. Cependant il n'est pas moins réveillé à l'aspect de vos caractères Chinois manuscrits, que votre Lettre contient

---

201   Dies hat Klaproth kurz darauf unternommen: *Leichenstein auf dem Grabe der chinesischen Gelehrsamkeit des Herr Joseph Hager, Doctors auf der Hohen Schule zu Pavia.* [Halle: Waisenhausdruckerei 1811.] 56 S. Darin sind auch die in den Briefen monierten Fehler Hagers aufgenommen.

202   Nikolaus Fuß (Basel 1755–1826 St.Petersburg), Mathematiker, Sekretär Leonhard Eulers, ständiger Sekretär der Akademie der Wissenschaften in St. Petersburg.

ILS SONT SI PARFAITEMENT BIEN ÉCRITS, QUE S'IL Y AVOIT DES CONNOISSEURS EN EUROPE, VOUS AURIÉZ BIEN DE LA PEINE À LES FAIRE PASSER COMME TOMBÉS DE VOTRE PINCEAU.

Quand on réfléchit, que non-seulement les Bayers[203] et les Fourmonts[204], mais les missionnaires les plus savans et qui ont vieilli en Chine, n'ont jamais pu réussir à écrire que médiocrement les caractères, et que, pour le texte du Chinois, ils ont tous les uns fait calquer les originaux, et les autres employé des écrivains Chinois; le moyen de croire, qu'en six ou sept ans de temps vous ayez entreprendre de longs voyages en Perse et en Tartarie pour les objets scientifiques, apprendre l'Arabe, le Persan, le Tatare-Mantchou et le Chinois, et même à écrire les caractères Chinois avec une élégance à ne pouvoir être surpassée que de ceux qui en font leur état en Chine. Pour moi, à moins que vous ne m'envoyiez un autre exemplaire de votre lettre avec des caractères Chinois aussi beaux, accompagné d'une Attestation par devant Notaire, munie de toutes les formalités possibles, et de la signature de sept bons témoins oculaires, qui attestent de les avoir vus tomber de votre pinceau, je ne le croirai jamais. Les caractères Chinois, non plus que les Tatares-Mantchoux également beaux sur la marge des pages 2 et 4 n'étant pas de votre pinceau, les méchants pourroient en tirer la maligne conséquence, que les partie les plus savantes de votre lettre ne fussent qu'empruntées du l'habile écrivain, qui a orné vos pages, etc."[205] Ihr Verlangen, ein Zeugniß von glaubwürdigen Männern zu haben, daß ich im Stande sei, Chinesische und Mandshuische Buchstaben so schön zu schreiben, als die in dem Ihnen gesandten Exemplare meines ersten Briefes sind, wird jetzt schon erfüllt sein; denn mit der heutigen Post habe ich ein solches von folgenden sechs Personen unterzeichnet, nach Berlin abgehen lassen, das Ihnen öffentlich vorgelegt werden soll. Diese Männer sind:

Herr Collegienrath und Ritter F. Adelung[206]
Herr Hofrath und Academicus Ph. Krug[207]
Herr Hofrath G. Langsdorf[208]
Herr Doctor und Professor Gräffe[209]

---

203 Gottlieb Siegfried Bayer (Königsberg 5. Jan. 1694–10. Febr. 1738 St. Petersburg), Historiker, Philologe und Orientalist, Mitglied der Akademie der Wissenschaften zu St. Petersburg. Sein wichtigster Beitrag zu den Chinastudien war sein *Museum sinicum*. 2 Bde. St. Petersburg. Vgl. Franz Babinger: *Gottlieb Siegfried Bayer (1694–1738). Ein Beitrag zur Geschichte der morgenländischen Studien im 18. Jahrhundert*. München: Schön 1915. Knud Lundbaek: *T. S. Bayer (1694–1738). Pioneer Sinologist*. London/Malmö: Curzon Pr. 1986. (*Scandinavian Institute of Asian Studies Monograph Series*. Bd. 54). Die chinesischen Schriftzeichen in Bayers Museum sind ungelenk und schlecht graviert.

204 Étienne Fourmont (Herblay 23. Juni 1683–8. Dez. 1745 Paris), Orientalist, Professor des Arabischen am Collège de France. Seine chinesischen Kenntnisse erwarb er mit Hilfe des Chinesen Arcadius Hoange (Huang), mit dem er mehrere Jahre zusammenarbeitete. Er ließ einen umfangreichen Typensatz in Holz schneiden. Vgl. Cécile Leung: *Etienne Fourmont (1683–1745). Oriental and Chinese languages in eighteenth-century France*. Leuven: University Press 2002. 314 S. (Leuven Chinese Studies.13.); D. Elisséeff-Poisle: Les caractères chinois de Fourmont. *L'art du livre à l'Imprimerie nationale*. Paris 1973, 163–169.

205 Mein Brief war zwei Tage nach Empfang der Rémarques sur les voyages en Chine par Mr. de Guignes fertig. Ich fordere Jeden, der nur einen Buchstaben in demselben für sein Eigenthum erkennt, auf, mich öffentlich für einen Falsatius zu erklären. [Anm. Klaproths.]

206 Friedrich von Adelung (Stettin 25. Febr. 1748–30. Jan. 1843 St. Petersburg), Jurist und Linguist. 1801 Direktor des Deutschen Theaters in St. Petersburg, 1803 Instruktor der Großfürsten Nikolaus und Michael. 1825 Direktor der Unterrichtsabteilung beim Außenministerium in St. Petersburg. Vgl. *Allgemeine Deutsche Biographie* 1.1875, 80 (August Leskien).

207 Johann Philipp Krug (Halle 18. Jan. 1764–16. Juni 1844 St. Petersburg), Historiker, Archäologe, Mitglied der Akademie der Wissenschaften in St. Petersburg. 1818 Ordentliches Mitglied der Akademie der Wissenschaften in St. Petersburg; 1817 Leiter der Bibliothek der Eremitage. Vgl. *Russkij Biografičeskij Slovaŕ* 9.1903, 451—454

208 Georg Heinrich von Langsdorff (Wöllstein 18. April 1774–29. Juni 1852 Freiburg i. Br.), Arzt, Naturforscher, Forschungsreisender. Er nahm an der Weltumseglung von Adam Johann von Krusenstern 1803–1806 teil; nach seiner Rückkehr wurde er zum Hofrat und zum Adjunkt der Akademie der Wissenschaften in St. Petersburg ernannt; ab 1813 wirkte er als russischer Generalkonsul in Brasilien und unternahm 1824–1828 eine wissenschaftliche Expedition durch Brasilien. Vgl. Friedrich Ratzel: Langsdorff, Georg Heinrich Freiherr von. *Allgemeine Deutsche Biographie* 17.1883, 689–690.

209 Christian Friedrich Gräffe (Chemnitz 1. Juli 1780–12. Dez. 1851 St. Petersburg), Altphilologe, Professor an der Petersburger Universität; vgl. Conrad Bursian: Gräfe, Christian Friedrich. *Allgemeine Deutsche Biographie* 9.1879, S. 555–556

Herr Leibmedicus Dr. Trinius[210]
Herr Hofrath und Academicus Tilesius[211]
Eben diese Herren bezeugen auch, daß der Buchstabe Pim, in der zweiten Vignette meines Briefes Pag. 5 sich genau eben so, sowohl in meinem als in dem academischen Exemplare, des ersten Bandes des Kham-hy-çu-tien findet, wie er dort vorgestellt ist, und nicht so wie Sie ihn corrigiren. – Ferner, daß meine letzte Vignette (Pag. 8) ein getreues Facsimile aus der Chinesischen Originalausgabe der *Eloge de Moukden* (Yu-Chi-Xim-Kim-Fu, Mandshuisch: Chan ni aracha Mukden ni fudshurun) sei. Der erste Buchstabe dieser Vignette, Cham, von dem Sie sagen: „pour celui-ci ce n'est pas un caractère Chinois du tout" – kommt oft im Original eben so geschrieben vor, und Sie werden doch zugeben, daß K'ien-lum Chinesisch zu schreiben verstanden habe. – Auch bedeutet er toujours, denn der P. Diaz[212] (Vocabulario de la letra China pag. 67) erklärt ihn durch: Provar ut la comida, gustarla. De Ordinario, experimentar has lo hecho? preguntando; und in einem Chinesisch-Lateinischen zu Peking geschriebenen Wörterbuche, welches ich der Güte des gelehrten Grafen Johann Potocki[213] verdanke, wird er durch gustu explorarem experimentum sumere, semper vy-cham numquam, übersetzt. – So will ihn auch der Kaiser K'ien-lum verstanden haben, denn in seinem Mandshuischen Texte heißt die von mir beigebrachte Stelle: „Kemuni dondsichann'ge, ama eme i mudsilen bo mudsilen oburenn'ge, abkai fedshergi achun deu de senn'gimo akunn'ge aku." Kemuni aber bedeutet (nach Dictionnaire Tat. Mantchou III. pag. 3): „C'est encore comme cela. Derechef. Comme cela encore. Continuellement. Habituellement. – Wenn Ihnen aber das P. Amiot[214] gebrauchte toujours so sehr zuwider ist, so übersetzen Sie die beiden ersten Caractere cham-ven durch exploravi auditu, und lassen dem Kaiser sein Kemuni.
Ein grosser Theil der mir von Ihnen gemachten Vorwürfe rührt daher, dass Sie nicht genug Deutsch verstehen.
Dies beweisen folgende Punkte.
I. Glauben Sie ich läugne meine Autorschaft des im Asiatischen Magazin eingerückten Briefes, ungeachtet ich in meinem ersten Schreiben ausdrücklich sage: „denn ich bin der Chinesische Gelehrte im Asiatischen Magazin, von dem Sie sprechen, aber nicht der Rezensent in der Jenaischen Litteratur-Zeitung von 1802 u.s.w."
II. Sagen Sie: „L'Asiatische Magazin du 1802 .... renvoyoit dans le memoire en question, le Dr. Hager au Dictionnaire Xue-ven [Shuowen] pour les caractères semblables à ceux du Monument de Yu; pendant que ce dictionnaire n'en contient que de ceux, qui ont été inventé au moins deux mille ans après le Monument." – Dies ist offenbar eine Nichtverstehung; denn ich führe zwar dem Herrn Hager das Xue-ven an, aber nur um die dort vorhandenen neuen Caractere, mit den

210   Karl Bernhard von Trinius (Eisleben 7. März 1778–12. März 1844 St. Petersburg), Arzt, Botaniker, Mitglied der Akademie der Wissenschaften, Leibarzt und Lehrer des Zaren Alexander II. Vgl. Ludwig Stieda: Trinius, Karl Bernhard. In: *Allgemeine Deutsche Biographie* 38.1894, 619–621.

211   Wilhelm Gottlieb Tilesius von Tilenau (Mühlhausen, Thür. 17. Juli 1769–17. Mai 1857 Mühlhausen), Naturforscher, Arzt, Mitglied der Akademie der Wissenschaften; 1803 wurde er Professor an der Universität Moskau. 1803–1806 nahm er an Krusensterns Weltumseglung teil. Er stellte (als geschulter Zeichner) einen Bildband zum Expeditionsbericht zusammen. Bis 1814 blieb er in russischen Diensten. Vgl. Jürgen Kiefer: Zum 150. Todestag des Arztes und Naturforschers Wilhelm Gottlieb Tilesius von Tilenau (1769–1857). *Jahrbuch der Akademie gemeinnütziger Wissenschaften zu Erfurt.* 2007, S. 34–36.

212   Francisco Diaz O.P.: *Vocabulario de letra china con explicacion castellana.* Manuskript. (1646?)

213   Jan Potocki (Pików 8. März 1761–23. Dez. 1815 Uładówka), Historiker, Forschungsreisender, Schriftsteller, Leiter des Forschungsteams der Gesandtschaftsreise des Grafen Golovkin nach Peking, 1805–1806. Vgl. H. Walravens (Hrsg.): Władysław Kotwicz: *Die russische Gesandtschaftsreise nach China 1805.* Zu Leben und Werk des Grafen Jan Potocki [1761-1815]. Nebst Ergänzungen aus russischen und chinesischen Quellen hrsg. Berlin: Bell 1991. 119 S. 4° (Han-pao tung-Ya shu-chi mu-lu 44.)

214   J. J. Amiot S.J. (Toulon 8. Febr. 1718–9. Okt. 1793), Chinamissionar, Übersetzer, Herausgeber der *Mémoires concernant les Chinois,* die ausschließlich Jesuitenberichte über China enthalten. Er übersetzte u.a. ein Mandschu-Wörterbuch, ein Leben des Konfuzius, eine Monographie über chinesische Musik und eine über chinesische Strategie. Vgl. Camille de Rochemonteix: *Joseph Amiot et les derniers survivants de la mission française à Pékin, 1750–1795.* Paris: A. Picard 1915. LXIII, 563 S.

des Monument zu vergleichen. – Eine Vergleichung von der ich eine sehr glückliche Probe in meiner Rezension von Hagers Werk (Jenaische Litteratur-Zeitung für 1804 B. I No. 45. S. 355) geliefert habe.

III. Behaupten Sie, ich erkläre die sechsunddreißig Proben alter Caractere aus dem Gedichte des K'ien-lum gerade zu für ganz unnütz, da ich doch den Grund der Unnützlichkeit nur darin lege, daß Herr Hager die dort gelieferten alten Buchstaben nicht in neue umschrieben hat, damit man ihre Bedeutung wisse.

IV. Heißt es bei Ihnen (S. 7): „Outre cela ce méchant Asiatische Magazin du 1802 m'avoit égaré. Ou y faisoit le plus grand éloge du lexique de M. Menzel, on y disoit, entr'autres, qu'il étoit entièrement fait sur le modèle de celui du Père Diaz, etc." – Kann Jemand, der nur etwas Deutsch versteht, folgende Stelle (Asiat. Mag, II. S. 80) so falsch auslegen – „Schon in Berlin hatte er (die Rede ist vom Charlatan Hager) die Idee ein Chinesisches Wörterbuch herauszugeben, und zwar nicht sein eigenes sondern Mentzelii *Lexicon characteristicum Sinico-Latinum*, (ein schätzbares Manuscript der Berliner Bibliothek in 9 Folianten, worüber ich bei einer andern Gelegenheit ausführlicher sprechen werde) welches nur 8000 erklärte Caractere enthält, und ganz aus *Diaz Vocabulario de la letra China con explicacion castellana* gezogen ist." – Ist denn der Ausdruck gezogen mit entièrement fait sur le modèle synonym?

Wenn man einen Prozess führt, so muss man alle Aktenstücke zur Hand haben, und ein Gelehrter der in Deutschland lebt kann sich nicht damit entschuldigen, dass er die Jenaische Litteratur-Zeitung nicht habe erhalten können.

Hätten Sie diese aufgesucht, so würden Sie einen andern Begriff von meinen damahligen Kenntnissen im Chinesischen erhalten, und was Sie wünschen, H. Hagers Unwissenheit aufgedeckt und eine genauere Übersetzung des Monument de Yu gefunden haben.

Sie brüsten sich damit, dass Sie den Brief des englischen Hofes an den Kaiser K'ien-lum copiert haben.

Erinnern Sie sich aber auch, daß man ihn in China nicht annehmen wollte, weil er zu schlecht geschrieben war, und vom Lord Macartney verlangte, ihn dort umschreiben zu lassen. – Damit will ich nicht sagen, daß Ihre Caractere fehlerhaft seien, im Gegentheil verrathen sie viel Übung, nur sind sie nicht calligraphisch schön.

Meine Reisen in Asien haben mich nicht genöthigt, das Studium des Chinesischen zu unterbrechen.

Im Gegentheil habe ich sie entweder in Gesellschaft von Leuten gemacht, die in Peking selbst Mandshuisch und Chinesisch gelernt haben; oder in Begleitung einer Abschrift von Diaz, des Lateinisch-Chinesischen Danetius[215] von Hervieux und Premare, Fourmont und anderer handschriftlicher Hülfsmittel. Ja auf der ersten Reise habe ich Kiachta und andere Chinesische Gränzorte besucht, und mich häufig mit Chinesen schriftlich und mündlich unterhalten.

Das Resultat unsers ganzen Streits ist also:

Dass ich Sie und Sir George Staunton[216] für die einzigen in Europa, mit Ausnahme von Russland, erkläre, die im Stande sind Chinesische Bücher zu verstehen, aber auch keine meiner Behauptungen gegen Ihre Rémarques philologiques zurücknehme.

215 Petrus Danetius (1650–1709), Geistlicher, Herausgeber mehrerer Wörterbücher, so des *Dictionarium novum latinum et gallicum*. Paris 1673, und des *Magnum dictionarium latino-gallicum*. Paris 1691. P. de Prémare hatte zusammen mit P. Hervieu ein lateinisch-chinesisches Wörterbuch verfaßt: „Nous avons mis en chinois presque tout ce que nous avons trouvé dans Danet: cela fait un grand volume d'un grand in-4°." (Brief aus Macao vom 5. Okt. 1733). Fourmont hatte das Wörterbuch zur Hand. Vgl. seine *Linguae Linguae sinarum mandarinicae hieroglyphicae grammatica duplex latinè, [et] cum characteribus sinensium item sinicorum regiae bibliothecae librorum catalogus*, denǔo notitiis amplioribus [et] charactere sinico. Lutetiae Parisiorum: ex typographià Josephi Bullot, 1742, XL.

216 Sir George Thomas Staunton (26. Mai 1781–10. Aug. 1859) begleitete als Heranwachsender die Macartney-Gesandtschaft und lernte bei der Gelegenheit Chinesisch. In der Folge übersetzte er einige wichtige Texte. Vgl. G. C. B.: Staunton, Sir George Thomas. *Dictionary of National Biography* 18.1921/22, 1001–1002

Da nun, wie Sie selbst sehr richtig anführen, keine Kenner in Europa sind, die unsern Streit entscheiden können, so wollen wir ihn hiermit beilegen, und es bleibt uns weiter nichts übrig, als uns wechselseitig zu bewundern.

Ihr ergebenster Diener

Julius von Klaproth

St. Petersburg, den 28. Nov/10. Dec. 1810

Klaproths Veröffentlichungen über Japan

Klaproth ist hauptsächlich als Sinologe und Zentralasienforscher bekannt. Doch nur wenigen ist bewußt, daß er sich recht intensiv mit Japan befaßt hat – wie die folgende Bibliographie zeigt.

Archiv für asiatische Litteratur, Geschichte und Sprachenkunde. Verfaßt von Julius von Klaproth. Erster Band. Herausgegeben auf Befehl der Kaiserlichen Academie der Wissenschaften.
St. Petersburg: Im Academischen Verlage 1810.
   VIII. Sprachproben von Lieu-kieu. S.151–158

Asia polyglotta. Von Julius Klaproth.
Paris: Gedruckt bei I. M. Eberhart, und zu finden bei A. Schubart, rue Choiseul, no. 4. 1823. XVI,384,[121]–144,8 S. 4°

Description des Iles Lieou-Khieou. Extraite de plusieurs ouvrages chinois et japonois par M. J. Klaproth.
Paris 1824. S. 289–316, 1 Kte.
Aus: *NAV* 21.1824, 289–316

Beschreibung der Inseln Lieu-Khieu, ausgezogen aus mehreren sinesischen und japanischen Werken. Von dem Hrn. Julius Klaproth in Paris. Mit einer Karte.
Hertha 2.1825, 274–293
   Mit: Karte von Lieu-Khieu […] Entworfen von dem Hrn. J. Klaproth.1825.

Description des îles Mou nin sima, c'est-à-dire des îles inhabitées, traduites de l'ouvrage japonais intitulé San kokf tsu ran, imprimé à Yedo en 1785.
JA 7.1825, 243–250
    Klaproth
   S. 320: Note by Rémusat.
   Translation from *Sangoku tsûran zusetsu* 三國通覽圖說.
   Vgl. Maps of Asia. *Asiatic Journal* 21.1826, 65

Mémoires relatifs à l'Asie, contenant des recherches historiques, géographiques et philologiques sur les peuples de l'Orient. Par M. J. Klaproth, membre du Conseil de la Société asiatique. Tome second, orné de trois cartes et deux autres planches.
Paris: Dondey-Dupré père et fils 1826.
   411–432 Éclaircissemens sur une carte chinoise et japonaise de l'Asie et de l'Inde.

Mémoires relatifs à l'Asie, contenant des recherches historiques, géographiques et philologiques sur les peuples de l'Orient; par M. J. Klaproth, membre du Conseil de la Société asiatique de Paris. Tome troisième, orné de deux cartes et de cinq autres planches.
Paris: Dondey-Dupré père et fils 1828.
   471–482 Notice d'une mappemonde japonaise conservée dans le Musée britannique à Londres.

Die Insel Ko-sima, oder der kleinste Vulcan der Erde.
Allgemeine geographische Ephemeriden 24.1828, 449-457

Fookua Siriak ou Traité sur l'origine des richesses au Japon, écrit en 1708 par Arrai Tsikougo No Kami Sama, autrement nommé Fak Sik Sen See, instituteur du dairi Tsuna Ioosi et de Yeye miao tsou; traduit de l'original chinois et accompagné des notes, par M. Klaproth.
Paris: Heideloff (1828). 24 S.
   Extrait du *NJA* 2.1828, 3–25. – Über: Arai Hakuseki: *Hôka jiryaku* 宝貨事略
   Vgl. *Das Ausland* 1.1828, 1028: Die Reichthümer Japan's.

[Notiz über eine japanische Weltkarte.]
NJA 2.1828, 400

The language and history of Japan.
Asiatic Journal 27.1829, 560–564
   Bericht über Klaproths Abhandlung über die Einführung der chinesischen Schrift in Japan. Jan.1828.

FOOKOUA SIRIAK,

OU

TRAITÉ SUR L'ORIGINE DES RICHESSES AU JAPON,

ÉCRIT, EN 1708,

PAR ARRAÏ TSIKOUGO NO KAMI SAMA,
AUTREMENT NOMMÉ FAK SIK SEN SEE,
INSTITUTEUR DU DAÏRI TSUNA IOOSI
ET DE YEYE MIO TSOU;

TRADUIT DE L'ORIGINAL CHINOIS ET ACCOMPAGNÉ DE NOTES,

PAR M. KLAPROTH.

PARIS,

SCHUBART et HEIDELOFF, Quai Malaquais, n.° 1.

1828.

Rapport sur un mémoire relatif à l'origine des Japonais, par M. de Siebold.[217]
NJA 3.1829, 385–405
  J. B. Eyriès, J. Saint-Martin
  J. Klaproth, rapporteur

Sur l'introduction et l'usage des caractères chinois au Japon, et sur l'origine des différens japonais, par M. Klaproth.
NJA 3.1829,19–48, 1 gef. Taf.
  Klaproth erwähnt den Japaner N. Kolotygin und die Erwerbung mehrerer Wörterbücher in Irkutsk, so das *Hayabiki setsuyō*, Ausgaben von 1757 und 1800 sowie *Shichi iroha tehon*, 1703.

---

217 Die dem Bericht zugrundeliegende Abhandlung erschien als: Verhandeling over de afkomst der Japaners in
  Verhandelingen van het Bataviaasch Genootschap van Kunsten en Wetenschappen 13.1832 (S. 185–275, 2 gef. Taf.).

Klaproth's Bericht über Hrn. v. Siebold's Abhandlung über den Ursprung der Japaner. (Vorgelesen in der Versammlung der asiatischen Gesellschaft in Paris, am 6ten Julius 1829.)
Annalen der Erd-, Völker- und Staatenkunde 2.1830, 321–353
Berichtigte Fassung der französischen Publikation.

Mœurs et usages des Ainos, par M. de Siebold.
NJA 7.1831, 73–80
[Hrsg. von Klaproth]
Ce morceau est extrait du Mémoire sur l'origine des Japonais, écrit en allemand, que M. de Siebold avait adressé à la Société asiatique. – Kl.

Vulkane in Japan.
Das Ausland 1831,171–172
„Von Klaproth, im Anhang zu der von uns gegebenen Denkschrift Humboldts."

On the volcanic phenomena of China and Japan. By M. Klaproth. (From Chinese and Japanese authorities.)
Asiatic Journal NS 4.1831, 59–62

Dr. Siebold's account of Japan.
Asiatic Journal NS 4.1831, 129

On a Japanese and Chinese chronology. By M. Klaproth.
Asiatic Journal NS 6.1831, 24–32
Über ein Kanbun-Werk in der Bibliothèque nationale: *Wakan kōtō hennen gōunzu,* 1687; „Table in which is arranged the order of the reigns of the emperors of Japan and China." [Wo-Han huang tong biannian heyun tu 倭漢皇統編年合運圖]

Recherches sur le pays de Fou Sang mentionné dans les livres chinois et pris mal à propos pour une partie de l'Amérique. Par M. J. Klaproth.
O. O. u. J. 16 S.
Extrait des *Annales des Voyages* 51.1831, 53–68
J. Klaproth
Dazu: Carte pour les recherches sur Fou Sang (gravé par Berthe).

Untersuchungen über das Land Fu sang, welches in den chinesischen Büchern erwähnt wird und irriger Weise für einen Theil Amerika's gehalten worden ist. Von J. Klaproth in Paris. (Aus der von dem Hrn. Verf. mitgetheilten, französischen Urschrift übersetzt.)
Annalen der Erd-, Völker- und Staatenkunde 4.1831, 385–394

三國通覽圖說 San kokf tsou ran to sets, ou Aperçu général des trois royaumes, traduit de l'original japonais-chinois [de Hayashi Shihei], par Mr. J. Klaproth.
Paris: Printed for the Oriental Translation Fund of Great Britain and Ireland. Sold by John Murray [usw.] 1832.
VI,288 S., 1 S. Errata. gr.8°
(Oriental Translation Fund.)

Dazu:
Plates and maps to accompany the San kokf tsou ran to sets, ou Aperçu général des trois royaumes. Traduit de l'original japonais-chinois, par Mr. J. Klaproth.
Paris: Engraved and printed for the Oriental Translation Fund 1832. 7 Taf. 4°

Übersetzung des *Sangoku tsūran zusetsu* des Hayashi Shihei 林子平 (gest. 1739).
Nach dem Vorwort hat Klaproth das *Sangoku* 1805 in Irkutsk erworben und ist schwierige Stellen mit dem Japaner N. Kolotygin durchgegangen. Kl. hat die etwas dürftige Darstellung von Korea durch Auszüge aus dem *Da Qing yitongzhi* 大清一統志 ergänzt. Auch die Beschreibung von Ryūkyū hat er überarbeitet.
Schwerpunkte des Buches sind: Ezo, Sachalin, die Kurilen bis zur Südspitze von Kamtschatka.
In Irkutsk hatte Klaproth zwei weitere Beschreibungen Ezos zur Verfügung, eine von 1720, die andere von 1752. Auszüge aus beiden sind in das Buch eingeflossen. Dazu kommt ein Ainu Vokabular des Naturforschers Georg Wilhelm Steller (1709–1746), das er von Staatsrat Kranz in Irkutsk erhalten hatte.
Die Veröffentlichung enthält außerdem ein Faksimile des mandschurisch-chinesischen Siegels des Königs von Ryūkyū, *Lio cio gurun wang-ni doron.*

三國通覧圖說

SAN KOKF TSOU RAN TO SETS

ou

APERÇU GÉNÉRAL

DES TROIS ROYAUMES.

INTRODUCTION.

Les cartes et les descriptions géographiques sont de la plus grande utilité. L'auguste *Hi* (1) forma les *koua* (2) qui furent l'origine de la doctrine des changemens. Le *prince de Hia* (3)

---

(1) Il s'agit ici de 伏羲 *Foŭ hi*, le fondateur de la monarchie chinoise. Kl.

(2) Les 卦 *koua* sont les trigrammes et hexagrammes de *Foŭ hi*, composés de lignes parallèles, entières et brisées ; les Chinois prétendent que c'est la première espèce d'écriture qui ait été inventée. Ces *koua* font le fondement de l'*Ў king*, ou livre des changemens, sorte d'énigme que les philosophes chinois commentent en vain depuis plus de trois mille ans. Kl.

(3) 后夏 *Hia heou*, ou le *Prince de Hia*, c'est le grand

禹 *Yu*, fondateur de la dynastie de Hia. Kl.

[Rez.:] *NAV* 60.1833, 95–110 (E.)

[Rez.] San kokf tsou ran to sets ou aperçu général des trois royaumes. Traduit de l'original japonais-chinois, par Mr. J. Klaproth. Ouvrage accompagné de cinq cartes. VI u. 288 p. in 8°.
Göttingische Gelehrte Anzeigen 1835, 619–620 (H. E[wald])

Das Chinesische Reich und das Kaiserthum Japan, entworfen und gezeichnet 1829 nach v. Humboldt, Klaproth und Krusenstern. Umgearbeitet von C. F. Weiland.
Weimar: Geogr. Institut 1832. 60 x 42 cm

Notice sur le Japon, extraite des livres japonais et autres sources, par M. Klaproth.
NAV 60.1833, 281–311

Neue Reise nach Japan. Mitgetheilt von Herrn Klaproth in der «Europe littéraire»[218].
Das Ausland 1833, 567–568, 571–572
Neue Reise in Japan. Zweiter Auszug aus dem Tagebuch van Overmeer Fischer's in der «Europe littéraire».
Das Ausland 1833, 599–600, 603–604

Notice de deux voyages au Japon. Par M. Klaproth.
NAV 59.1833, 83–102
      [Overmeer Fisscher und Ph. Fr. v. Siebold]

Notice d'une chronologie chinoise et japonaise, par M. Klaproth.
Paris: Imprimerie royale 1833. 28 S.
Aus: *NJA* 12.1833, 402–427
      Über das *Wakan kōtō hennen gōunzu,* 1687. 54 fol. (Bibliothèque nationale, Paris).

Sur les Dairis ou empereurs du Japon, par M. Klaproth.
NJA 11.1833, 160–177

Die Dairis oder Kaiser von Japan. (Mitgetheilt von Herrn Klaproth im Journal asiatique.)
Das Ausland. 1833, 731–732, 735–736

Nipon o dai itsi ran, ou Annales des empereurs du Japon, traduites par M. Isaac Titsingh avec l'aide de plusieurs interprètes attachés au comptoir hollandais de Nangasaki; ouvrage revu, complété et corrigé sur l'original japonais-chinois, accompagné des notes, et précédé d'un aperçu de l'histoire du Japon par M. J. Klaproth.
Paris: Printed for the Oriental Translation Fund; sold by Parberry, Allen & Co., London. 1834. VIII,XXXVI,460 S. 4°
      Préface, p. VIII: Paris, ce 20 mai 1834. J. Klaproth
      Das Aperçu umfaßt XXXVI Seiten.
      [Widmung:]
      To the Right Honourable George Fitz-Clarence, Earl of Munster […][219]
      Klaproth

      Übersetzung von Hayashi Shunsais 林春齋 (1618–1680)
      Nippon ô-dai ichiran 日本王代一覧 (1663, repr. 1795).
      Es war nicht möglich, eine Karte von Japan beizugeben. Klaproth verwies stattdessen auf seine Karte von Japan in Krusensterns Atlas des Pazifik: «Carte du Japon de S. A. R. le duc de Weimar».
      Die Table alphabétique des Buches wurde von Clerc de Landresse zusammengestellt.
      Titsingh[220] hatte keine ausreichende Kenntnis des Japanischen. Die Übersetzung stammte von drei namentlich genannten japanischen Mitarbeitern.

---

[218]   Zu dem Blatt vgl. *Magazin für die Literatur des Auslandes* 1834, 124: „Diese Zeitschrift hat nunmehr, nachdem sie ein Jahr lang auf jede mögliche Weise, bald durch literarisch Gediegenes und bald durch politisch Extravagantes, ein Publikum vergebens zu erhaschen gesucht, zu erscheinen aufgehört. Der bisherige Herausgeber, Hr. Feuillide, zeigt dies mit der naiven, aber rührenden Bemerkung an, daß er der einzige Narr gewesen, der noch an den Geschmack des Pariser Publikums geglaubt und diesem Glauben sein ganzes Vermögen aufgeopfert habe."

[219]   1794–1842, Generalmajor, Präsident der Royal Asiatic Society. Er war besonders um die Publikation von Übersetzungen orientalischer Texte bemüht und amtierte zeitweise als Vizepräsident des Oriental Translation Fund. Vgl. *Dictionary of national biography.* 7.1921/22, 106–107.

[220]   Titsingh (um 1740–1812) war 1774–1780, 1781–1783 und 1784 in Japan, dann 1794/95 in China als Mitglied einer Gesandtschaft. Außer Klaproths Ausgaben wurden zwei weitere Werke Titsinghs veröffentlicht: *Cérémonies usitées au Japon pour les mariages et les funérailles,* suivies de détails sur la poudre Dosia, et de la préface d'un livre de Confoutzée sur la piété filiale; le tout traduit du japonais par feu M. Titsingh. Paris 1819. 2 Bde, 76 Taf. – *Mémoires et anecdotes de la dynastie régnante des djogouns, souverains du Japon,* avec la description des fêtes et cérémonies observées aux differentes époques de l'année à la cour de ces princes et un appendice contenant des détails sur la poésie des Japonais, leur manière de diviser l'année, etc. Publié avec des notes ... par M. Abel Rémusat. Paris 1820. Über Titsingh vgl. *Biographie universelle* (Michaud) 41, S. 609–611 (Eyriès). Weiterhin: *The private correspondence of Isaac Titsingh.* Vol. 1 (1775–1811). Introduced and edited by Frank Lequin. Amsterdam: Gieben 1990. Vol. 2 (1779–1812). 1992. Klaproth besaß: *Correspondance de M. Titsingh pendant son ambassade au Japon,* de 1790 à 1797 (en hollandais). Copie mss. in fol. Vgl. Bibl. Klaproth, 1171.

Register der Personennamen

Für die Ergänzungen zum Schriftenverzeichnis Klaproth s. ein eigenes Register.

Weitere Bücher desselben Verfassers im Verlag BoD

Carl Graf von Klinckowstroem (1884–1969). Schriftenverzeichnis des Technikhistorikers, Wünschelrutenexperten, Okkultismuskritikers und Bibliophilen.
Norderstedt: BoD 2015. 328 S.
ISBN 978-3.7386-3872-1

Newspapers on the Mind – Around the World. The IFLA Round Table on Newspapers (RTN) 1989 – 2009.
Norderstedt: BoD 2017. 296 S. 4°

Julius Kurth (1870–1949): Briefe an den Dichter Börries von Münchhausen (1874–1945).
Norderstedt: BoD 2017. 135 S.
ISBN 9783746030333

Julius Kurth (1870–1949): „Autogramme" und Fabeln für Börries Frhr. von Münchhausen. Bibliophile Scherze.
Norderstedt: BoD 2017. 99 S.
ISBN 9783746059976

(mit Christine Bell) *Mein inniggeliebter Louis!*
Postkarten an den Elsässer Louis J. Stoffer (1889–1956), Hamburg und Tacoma
Ein Mosaiksteinchen zur Familien- und Auswanderungsgeschichte.
Norderstedt: BoD 2018. 136 S. 4° (zweisprachig)
ISBN 978-3-7460-9487-8

Br. Berchmans Brückner SVD und die *Ars Sacra Pekinensis.* Briefwechsel mit dem Kunsthändler Walter Exner (1911–2003)
Norderstedt: BoD 2018. 166 S. ISBN 9783752820850

Walther Heissig (1913–2005). Aus dem Nachlaß des Mongolisten und Ethnologen – Nachlaßübersicht – Briefwechsel mit Erich Haenisch, Lajos Ligeti, Käthe Uray-Köhalmi, John R. Krueger und Erik Haarh.
Norderstedt: BoD 2018. 219 S. 4°
ISBN 9783748180708

Statehood in the Altaic World. Proceedings of the 59th Annual Meeting of the Permanent International Altaistic Conference (PIAC), Ardahan, Turkey, June 26–July 1, 2016.
Norderstedt 2018. ISBN 978-3-7528-0263-4

Johann Redowskys Reise von Irkutsk nach Kamtschatka (1806–1807) im Auftrag der Akademie der Wissenschaften. Das wissenschaftliche Tagebuch des Forschers – Botanik – Geologie – Ethnographie der Jakuten und Tungusen
Norderstedt: BoD 2019. 163 S.
ISBN 9783748188971

George Robert Loehr jr. (1892–1974) und die Forschung über die Pekinger Jesuitenkünstler.
Quellen und Materialien in deutscher Sprache
In Verbindung mit Marion Steinicke herausgegeben.
Norderstedt: BoD 2019. 489 S. ISBN 9783749410705

Walther Heissig: *Aus dem Nachlaß II:*
Briefwechsel mit György Kara, Herbert Franke, György Hazai und Alice Sárközi sowie aus
den Anfängen der Altaistenkonferenz (PIAC). – Katalog mongolischer Blockdrucke in
London.
Norderstedt: BoD 2019. 217 S. ISBN 9783739218830

Zur klassischen poetischen Literatur Chinas. Leitfaden zu den Übersetzungen und
Rezensionen von Erwin von Zach (1872–1942).
Norderstedt: BoD 2019. 324 S. ISBN 9783741210174

Neue Rückschau auf ein arbeitsreiches Leben. Hartmut Walravens zum 75sten: Thematisches
annotiertes Schriftenverzeichnis. Mit Einleitung und Registern.
Bibliographie – Bibliotheken – Zeitungen – Erotica – Normung – China – Japan –Altaistik –
Mandschurei – Mongolei – Tibet – Rußland.
Norderstedt: BoD 2019. 236 S. ISBN 9783748108610

Verzeichnis der Veröffentlichungen von Professor Dr. Martin Gimm.
Norderstedt: BoD 2020. 48 S. 4°
ISBN 978-3-7431-6665-3

Franz Blei (1871–1942), Carl Georg von Maassen (1880–1940) und Hans von Müller (1875–
1944) im Briefwechsel. Auch ein Mosaiksteinchen zur E. T. A. Hoffmann-Forschung.
Norderstedt: BoD 2020. 168 S.
ISBN 978-3-7504-9525-8

Jean Pierre Abel Rémusat (1788–1832). Zu Leben und Werk eines Wegbereiters der
Ostasienwissenschaften. Norderstedt: BoD 2020. 153 S.
ISBN 978-3-7519-3088-8

Kleine Beiträge zur chinesischen Literatur- und Kulturgeschichte. Mit einer bisher
unveröffentlichten Würdigung des Geographen und Kartographen Albert Herrmann (1882–
1945).
Norderstedt: BoD 2020. 196 S. 4°
ISBN 9783751944663

Books on Demand (BoD)
In de Tarpen 42, 22848 Hamburg
Tel.: +49 (0)40 53 43 35 11
EMail: info@bod.de